기다려

Originally published in English under the two titles

WAITING ON GOD / THE WAYS OF GOD

by Cherie Hill

Copyright © 2012 by Cherie Hill

P.O. Box 63975, Colorado Springs, CO 80962 U.S.A.

All rights reserved.

Korean Translation Copyright © 2013 by Kyujang Publishing Company

"기다려,"

체리
힐

규장

기다림이 주는
선물을 기대하며

매일의 삶은 감당할 수 없는 불확실함과 우리 믿음의 본질을 흔들어 놓는 고통스러운 아픔들을 가져 옵니다. 비록 우리가 하나님께 나아가고자 하나 우리의 믿음이 언제나 우리가 바라는 대로 되지 않는다는 것을 경험합니다. 우리는 하나님께 우리의 삶 가운데로 오셔서 우리를 엄습하는 시험과 비극으로부터 구해달라고 기도합니다.

그러나 하나님의 방법은 우리의 방법과 같지 않습니다. 하나님의 관심사는 우리 삶의 표면보다 더 깊습니다. 하나님께서는 우리의 믿음을 파괴할 것만 같은 위협적인 상황을 통해 우리 안에서 기적을 일으키십니다. 또 만약 당신이 하나님의 방법을 이해하게 된다면, 하나님께서는 당신이 상상했던 그 이상의 기적을 당신의 삶 가운데 마련해두셨음을 발견하게 될 것입니다. 하나님의 방법을 신뢰하는 믿음은 하나님의 방법이 중요하기 때문만이 아니라 가장 선한 길임을 믿는 것입니다.

저는 제 두 권의 책 《The Ways of God》, 《Waiting on God》을 합본하여 한국어판 《기다려》로 한국의 독자들과 만나게 된 것을 정말 기쁘게 생각합니다.

저는 이 책을 통해 당신의 믿음이 변화되길 기도합니다. 우리는 종종 하나님의 기대와 다른 기대를 가지고 살아갑니다. 그렇지만 믿음의 가장 훌륭한 단계는 하나님의 뜻에 우리의 의지를 내려놓는 것입니다. 저는 이 책이 당신에게 믿음의 커다란 도약이 되기를 기도합니다.

당신의 삶에 근거한 믿음의 전쟁은 환경에 의한 것이 아니라, 하나님이 누구이시며 하나님께서 어떻게 일하시는지에 대한 오해들로 인한 것입니다. 우리는 '무엇'을 위해 기도해야 할지는 알지만, 하나님께서 '어떻게' 일하시는지에 대해 관심을 두지 않아 하나님을 신뢰하지 못할 때가 있습니다.

만약 당신이 말씀을 통해서 하나님의 방법을 더 잘 이해한다면,

당신의 삶이 격렬하게 흔들리고 무너진다 해도 당신은 든든한 반석 위에 서 있음을 발견하게 될 것입니다. 이 책을 통해 하나님의 능력과 임재가 당신의 삶에 있게 되기를, 또한 당신의 믿음의 여정 가운데 더욱 강건하게 되길 예수님의 이름으로 간절히 기도합니다.

우리의 믿음이 더 깊어지고 하나님의 방법에 대해 더욱 알아갈 때 깨닫게 되는 것은, 우리가 삶의 대부분을 하나님을 기다리는 믿음으로 보내게 된다는 사실입니다. 특별히 이 책은 매시간, 매일, 매달, 그리고 매해 경험하게 되는 우리의 믿음에 도전할 것입니다.

저는 당신이 '기다림의 장소'(Waiting Place)가 '쓸데없는 장소' (Wasted Place)가 아니라, 하나님이 당신을 제련하시고 믿음을 온전케 하시는 장소라고 이해하길 바랍니다.

사랑하는 한국 독자 여러분, 저는 지금 이 시간에도 당신을 위해 기도하고 있습니다. 성령님의 능력이 당신 안에서 강력하게 역사하시고, 당신 안에서 착한 일을 시작하신 하나님께서 이를 온전히 이루시길 기도합니다.

너희 안에서 착한 일을 시작하신 이가 그리스도 예수의 날까지 이루실 줄을 우리는 확신하노라 빌 1:6

사랑의 하나님께서 그의 능력과 임재와 평안으로 어느 때나 어떤
방법으로나 당신을 충만하게 하시길 기도드립니다.

그리스도의 사랑 안에서,

체리 힐

서문

PART_3

"기다려,
    너에게 줄 것이 많아"

일러두기

이 책의 본문 중 저자가 인용한 다수의 책 제목은 한국어판의 출간이 확인된 책의 경우 한국어판 제목으로 표기했으며, 그렇지 않은 경우에는 한글로 직역한 책 제목과 영어로 된 원서 제목을 병기했습니다. 인용한 책의 내용은 역자 직역으로 수록하였음을 밝힙니다.

PART 1

"기다려,
그곳에서"

기다림의 장소는 분명 하나님께서 우리 믿음을 시험하기 위해
사용하시는 장소요, 우리 믿음이 진짜인지 알아보기 위해 사용
하시는 장소이다. 기다림의 장소는 우리 믿음의 과정이다. 만
약에 당신이 꼭 기다려야 할 필요가 없다면, 하나님께서는 기
다리게 하지 않으실 것이다.

CHAPTER 1

기다림의 장소는
믿음을 선보이는 곳이다

당신은 특정한 때에 이루어질 무언가를 기다리는 자신의 모습을 본다. 당신은 매우 사소한 무언가를 기다릴 수도 있고, 인생의 방향을 바꿔줄 무언가를 기다릴 수도 있다. 그러나 어떤 경우든지 그 기다림의 장소는 가장 괴로운 장소이다. 미국의 동화작가 닥터 수스(Dr. Seuss)가 쓴 책 《네가 갈 곳》(Oh, the Places You'll Go!)에서는 '기다림의 장소'에 대한 우리의 느낌을 이렇게 묘사하고 있다.

너는 너무나도 혼란스러운 탓에 씰룩씰룩 움직이는 긴 길을 따라
맹렬한 속도로 내달리기 시작할 거야. 하지만 헛된 곳으로 향해 있
는 황량하고 기괴한 지대를 몇 마일이나 기를 쓰고 가로질러 가게

되겠지. 기다림의 장소에서 말이지.

| 꼭 필요한 기다림 | 우리는 기다림의 장소에서, 이 가혹한 시련과 역경에서 제발 건져달라고 하나님께 애타게 부르짖지만 결국 아무 응답도 받지 못한다. 그곳에서 우리는 너무나 쉽게 절망과 무기력함에 빠져 상황에 압도되는 우리 자신의 모습을 발견한다. 우리는 기다림의 장소에 있을 때 불확실성으로 낙담한다. 우리 힘으로 어떻게 할 수 없어서 좌절한다.

우리는 동화작가 닥터 수스가 그의 책에서 말한 것처럼 기다림의 장소를 '혼란스러운 곳', '두려운 곳', '헛된 곳'으로 간주하곤 한다. 그러나 그렇지 않다. 우리가 하나님과 동행하고 있다면 절대 그렇지 않다. 왜냐하면 우리가 진정으로 하나님을 믿고 의지한다면, 하나님께서 우리 삶은 물론 우주만물을 주권적으로 다스리시는 것을 확신할 수 있기 때문이다.

만일 우리가 "나는 믿음을 갖고 있어"라고 말한다면, 우리는 믿음을 가진 사람답게 살아야 한다. 기다림의 장소는 분명 하나님께서 우리의 믿음을 시험하기 위해 사용하시는 장소요, 우리의 믿음이 진짜인지 알아보기 위해 사용하시는 장소이다. 기다림의 장소는 하나님께서 우리를 정결하게 하시는 장소요, 우리 영(靈)의 부정함을 명백히 드러내시는 장소이다. 기다림의 장소는 우리 믿음의 과정이다.

우리는 하나님께서 그분의 뜻을 이루는 데 필요한 시간만큼만 우리를 기다림의 장소에 있게 하실 것을 확신할 수 있다. 만약에 당신이 꼭 기다려야 할 필요가 없다면, 하나님께서는 기다리게 하지 않으실 것이다. 만약에 하나님께서 금(金)을 제련하는 것이 아니라면, 하나님께서는 절대 당신을 연단하지 않으실 것이다. 기다림의 때는 하나님께서 우리를 불 가운데 놓으시는 때요, 우리가 견디기 힘든 고통과 아픔에 눌리는 때요, 우리 마음이 해답을 갈망하면서 하나님께 질문들을 쏟아낼 때이다.

기다림의 때는 우리가 헤아릴 수 없이 많은 질문들을 하나님께 울부짖으며 구하는 가장 절망적이고 어두운 때이다.

"이런 일들을 제게 허락하시는 까닭이 무엇입니까?"

"이런 일들에 담긴 하나님의 뜻이 무엇입니까?"

"하나님은 정말 계신 것입니까?"

"하나님은 정말 저를 돌보고 계시는 것입니까?"

그러나 우리가 하나님께 드리는 모든 질문들에 상응하여 하나님께서도 우리에게 질문하신다. 우리의 마음이 하늘을 향해 눈물을 쏟을 때, 하나님의 응답이 때로는 질문의 형식으로 오기도 한다.

너희 믿음이 어디 있느냐 눅 8:25

| **마지막 30분의 고비** | 우리가 누가복음 8장 25절에 나오는 주님의 이 질문에 대해 곰곰이 묵상할 때, 우리는 우리의 믿음이 기다림에 많이 지쳐 있다는 것을 깨닫는다.

당신은 기도한다.

그러나 하나님께서는 듣지 않으시는 것 같다.

당신은 하나님을 믿고 의지한다.

그러나 하나님께서 계속 당신을 실망시키는 것 같다.

당신은 하나님의 말씀을 믿는다.

그러나 하나님의 약속들은 당신 삶에서 공허한 약속처럼 보인다.

당신은 힘써 찾지만 아무것도 발견하지 못한다. 문을 두드리지만 안에서 아무도 대답하지 않는다. 아무리 생각을 해봐도 하나님께서 당신 삶에서 무엇인가를 행하시는 것 같지가 않다.

믿음의 싸움은 나날이 격해진다. 하나님께서 매번 늦을 뿐만 아니라 심지어 나타나지도 않는 것처럼 보이기 때문이다. 느껴지는 대로 말하자면, 하나님께서 세상의 다른 일들을 처리하느라 너무나 바빠서 당신 인생에 전혀 신경 쓰지 못하는 것 같다.

그렇게 시간이 지남에 따라 당신의 영(靈)은 기다림에 지쳐간다.

나의 말이 주께서 언제나 나를 안위하실까 하면서 내 눈이 주의 말씀을 바라기에 피곤하니이다 시 119:82

내가 부르짖음으로 피곤하여 나의 목이 마르며 나의 하나님을 바라서 나의 눈이 쇠하였나이다 시 69:3

믿음의 가장 어려운 부분은 '마지막 30분'이라는 말에 있다. 그렇다. 하나님을 기다리는 것, 그것은 그 무엇보다 더 가혹하게 우리의 믿음을 시험한다. 이는 곧 혼란스러움과 당황스러움이 극에 달할 때, 바로 앞 모퉁이만 돌면 자유로움을 맛볼 수 있다는 것을 확신해야 한다는 의미이다.

| 기다림의 포기 | 그러나 문제는 하나님께서 우리를 돕기 위해 나타나기 바로 직전에 우리가 기다림을 포기한다는 데 있다.

영국 출신의 20세기 최고 영성 작가로 꼽히는 루이스(C. S. Lewis)의 저작 《스크루테이프의 편지》(The Screwtape Letters)에서는 선배 마귀가 후배 마귀에게 훈계하는 대목이 나온다. 원수 마귀가 우리의 '기다림의 장소'에서 어떻게 일하는지 넌지시 말한다.

인간의 말보다는 내적인 결심이 중요한 거야. 따라서 무슨 일이 일어나든지 다 견디겠다고 결심하게 만들어서는 안 돼. 대신 합당한 기간 동안만 견디겠다고 결심하게 만들어야 해. 그리고 그 합당한 기간을 믿음의 시험이 지속될 것처럼 보이는 시간보다 더 짧아지게 해야 해. 많이 짧아지지 않아도 괜찮아. 인간의 인내심과 고결

함과 용기를 파괴하기 위한 공격에서 재미있는 것은, 구원이 거의 시야에 들어온 바로 그 순간에 포기하게 만드는 것이니까. 설령 인간들이 그것을 알고 있다고 해도 말이지!

그렇다. 우리는 구원이 거의 시야에 들어온 바로 그 순간, 기다림을 포기하는 경향이 있다. 우리는 빛이 어둠을 뚫고 들어오기 직전에 기다림을 포기하기 쉽다. 역사상 위대한 설교자로 평가받는 찰스 스펄전(Charles Spurgeon, 1834-1892) 목사는 이 시간을 이렇게 말했다.

광야는 약속의 땅에 이르는 길이다. 패배는 승리를 준비시켜준다. 가장 어두운 밤이 지나야 동이 튼다.

지금 가장 어두운 시기를 지나고 있는가? 그렇다면 기억하라! 어떻게든 새벽이 온다는 것, 빛이 비치리라는 것을 꼭 기억하라!

| 하나님의 눈 | 우리는 하나님께서 은혜를 베풀어주실 때 좋아하고 기뻐한다. 은혜 베풀어주시기를 열렬히 사모한다. 그러나 우리를 묵묵히 지켜보실 때는, 힘들고 어려운 상황에서 애타게 부르짖어도 묵묵부답이실 때는 좋아하지도 기뻐하지도 않는다. 하나님의 달력은 우리의 달력과 너무나도 달라 보인다. 과연 하나님께서 시간을

잘 쓰시는지, 혹은 우리 삶을 잘 돌보시는지 도무지 확신이 들지 않는다.

그러나 하나님의 눈으로 우리의 상황을 바라보지 않으면 우리는 기다림에 지칠 것이고, 우리의 믿음은 곧 무너질지 모른다. 하나님께서는 우리의 발걸음을 인도하시고 우리의 삶을 이끄신다. 우리가 인생의 여정에서 어둠의 골짜기로 내려가 하나님의 자비를 울부짖으며 구한다면, 그것은 분명 하나님께서 허락하신 결과이다.

하지만 우리는 절망스러운 상황에 처했을 때, 이 명백한 진리를 깨닫지 못한다. 만일 우리가 인생길에서 어둠의 골짜기로 내려가게 된다면, 그것은 하나님께서 우리의 무릎을 꿇리는 그런 환경을 허락하셨기 때문이다. 하나님께서 그런 환경을 우리에게 허락하시는 까닭은 우리를 위한 분명한 계획과 목적이 있기 때문이다.

| 무언가 해, 너는 이미 충분히 기다렸어 | 성경적으로 '가만히 있는 것'과 '아무것도 하지 않는 것'은 많이 다르다. 하나님께서 당신을 '하나님의 대기실'로 안내하셨다면, 하나님께서는 당신이 그곳에서 아무것도 하지 않기를 바라시는 것은 아닐 것이다. 하나님께서는 그때 당신이 가만히 있기를 바라신다. 당신을 위한 계획이 있기 때문이다.

하나님께서 당신을 위해 역사하시려면, 당신이 가만히 있음으로 하나님을 전적으로 믿고 의지하는 것이 꼭 필요하다. 그러나 마귀

는 우리 힘으로 조치를 취해야 한다는 거짓말과 하나님을 의지하지 말고 독자적으로 일을 처리해야 한다는 거짓말을 우리 마음에 가득 채워 넣는다.

원수 마귀는 우리에게 속삭인다.

"하나님의 말씀은 믿을 만한 것이 못 돼. 하나님은 믿고 의지할 만한 분이 아니야. 얼른 네 힘으로 무엇인가를 해야 해. 그만하면 충분히 기다린 거야. 하나님은 너를 도우러 오지 않을 거야."

그러나 하나님께서는 잔잔하지만 강한 음성으로 말씀하신다.

"나를 기다려라. 내가 너를 구원할 것이다. 내가 너를 구해줄 것이다. 내가 네 삶의 모든 것을 완벽하게 돌보고 있느니라."

| **당신이 기다릴 때** | 원수 마귀는 당신이 기다림의 장소는 쓸데없는 장소라고 믿기를 바란다. 그러나 믿음은 그것과 다르게 우리에게 말한다.

"하나님을 믿고 의지해. 하나님 안에서 편히 쉬어. 믿음 안에서 기다려."

하나님께서는 당신이 기다림의 장소에서 기도하기를 바라신다. 하나님께 더욱 가까이 가기를 바라신다. 큰 풍랑 가운데서도 하나님께서 필요한 모든 것들을 공급하시리라는 믿음이 주는 평화 안에서 편히 쉬기를 바라신다.

당신이 기다릴 때, 하나님께서는 당신을 강하게 만드신다. 하나님께서 역사하신다는 것을 깨닫게 해주시기 때문이다.

당신이 기다릴 때, 하나님께서는 당신의 믿음을 성장시키시고, 당신의 마음을 정결하게 해주신다.

믿음은 극도로 어려운 환경이 아닌 다른 어떤 곳에서는 좀처럼 성장하지 못한다. 일반적으로 기다림의 장소가 아닌 다른 어떤 곳에서는 명확히 드러나지도 않는다.

금(金)은 불로 제련해야 한다. 다른 방법은 없다. 그것은 과정의 일부요, 꼭 필요한 것이다.

| 절망적인 상황을 허락하신 이유 | 하나님께서 당신을 어찌할 수 없는 절망적인 상황으로 데려가시는 까닭은, 당신에게 필요한 모든 것이 바로 하나님이라는 것을 어려운 상황을 통해 깨우쳐주시기 위해서다. 지금 당신은 삶의 다양한 영역에서 하나님의 도움을 기다리고 있을지 모르고, 또 하나님이 그 어디에도 계시지 않는 것처럼 느끼고 있을지도 모른다. 그러나 당신은 다음과 같이 단언하는 하나님의 약속을 굳게 붙잡아야 한다.

주 외에는 자기를 앙망하는 자를 위하여 이런 일을 행한 신(神)을 예부터 들은 자도 없고 귀로 들은 자도 없고 눈으로 본 자도 없었나이다

사 64:4

지금 절망스러운 상황에 처해 있는가? 그렇다면 명심하라. 하나님께서 당신을 잊어버리셨기 때문에 그런 일이 일어난 것이 아니다. 당신을 버리셨기 때문도 아니다. 당신을 그런 절망적인 상황으로 내려가게 하여 당신의 심령을 겸손하게 만든 것은 하나님의 손길이다. 하나님께서는 당신이 산산이 깨지고 부서졌을 때, 가장 강력하게 역사하신다.

그러니 세세한 것들에 대한 걱정을 중단하라. 당신의 힘으로 그 모든 것들을 해결하려는 노력을 그쳐라. 하나님께서는 분명한 목적과 의도를 가지고 당신의 삶에서 역사하신다. 하나님께서 당신의 삶의 모든 것들을 다스리신다. 당신의 인생이 걷잡을 수 없이 혼란스러워 보일 때조차도 다스리신다.

당신의 세상이 결딴나 허물어지는 것처럼 보일 때, 실제로는 그것이 단지 전능하신 사랑의 하나님 손 안에서 제자리를 찾아가고 있는 것이다. 이를 확신하라. 하나님을 굳게 믿고 의지하라. 하나님을 기다려라. 하나님 안에서 편히 쉬어라. 하나님의 도움이 오고 있다. 믿음 안에서 기다려라. 그리고 의심에 제압당하지 말라.

| 불청객 같은 의심 | 의심은 불청객과 같아서 우리의 형편이 가장 안 좋은 때 나타난다. 의심은 우리가 믿음을 간신히 부여잡고 있는 바로 그때, 소망의 흔적이라면 무엇이든지 붙잡으려고 애쓰는 그때 나타난다. 의심은 우리 마음의 문을 두드리면서 나타난다. 그러나

그렇게 의심이 마음의 문을 두드릴 때, 우리는 확신해야 하며 굳은 믿음으로 대답해야 한다.

사실 우리는 하나님의 도움을 기다리고 있을 때, 하나님께서 우리가 예상하는 바로 그 시점에 나타나지 않는 까닭이 무엇인지 의아해하지 않을 수 없게 된다. 그렇기 때문에 쉽게 의심에 제압당한다. 우리는 하나님과 진정으로 동행하면 바다가 갈라지고 거인이 쓰러지고 물 위를 걷게 되는 등 수많은 이적을 목격할 수 있을 거라 생각한다.

그러나 하나님께서는 이것과는 다른 것을 약속하셨다. 우리가 이 세상에서 환난을 당할 것이라고 말씀하셨다.

이것을 너희에게 이르는 것은 너희로 내 안에서 평안을 누리게 하려 함이라 세상에서는 너희가 환난을 당하나 담대하라 내가 세상을 이기었노라 요 16:33

우리는 하나님께서 그렇게 말씀하신 이상, 믿어야 한다. 하나님의 주권과 초자연적인 능력과 사랑, 자비와 은혜를 믿고 의지해야 할 때가 바로 우리가 환난을 당할 때이다. 하지만 우리는 막상 그렇게 하지 못한다.

우리가 절망스러운 상황에 처해 있을 때, 적절하다고 예상했던 시간보다 더 오래 하나님의 도우심을 기다려야 할 때, 의심이 그 틈을 타고 들어와 우리의 영혼에 엄청난 해를 끼치기 시작한다. 우리는 갈라진 홍해 사이에 서 있는 우리 자신의 모습을 발견하게 된다. 또 과거에 하나님께서 우리를 구하신 적이 있다는 것을 확신한다.

그러나 다른 한편으로는 금방이라도 집어삼킬 것 같은 바다와 만반의 공격태세를 갖추고 추격해오는 군대를 볼 때 의심에 압도당한다. 시간은 얼마 남지 않았다. 상황은 그저 의심스러워 보인다. 아무래도 하나님께서 '지금' 우리를 도우러 올 것 같지가 않다.

| 의심 앞에서 문을 닫아라 | 우리는 가장 절망적인 순간에 우리를 울부짖게 하고 불가능을 직면하게 하는 곳인 '기다림의 장소'로 이끄시는 이가 바로 하나님이시라는 것을 기억해야 한다. 하나님께서 우리를 그러한 곳으로 인도하시는 이유는 하나님과 동행하는 믿음의 삶에서 가장 필요한 교훈을 가르치기 위해서이다. 그 교훈은 하나님께서 직접 편성하신 위기상황으로부터 우리가 우리 자신을 구해낼 수 없다는 것이다.

우리가 기다림의 장소에 가게 되는 것, 극도로 절망적인 상황의 한가운데 놓이게 되는 것은 거의 대부분 하나님의 계획에 의한 것이다. 그러나 우리는 하나님께서 우리를 그러한 곳으로 이끄실 때 초자연적인 하나님께 초점을 맞추는 대신, 이겨내기 힘들어 보이는 외적 환경에 너무나도 성급하게 모든 주의를 집중한다.

시험의 결과는 전적으로 한 가지에 의해 좌우된다. 그 한 가지란 바로, 하나님을 믿는 믿음이다. 기다림의 장소는 우리의 믿음을 시험하는 곳이기도 하지만, 또한 궁극적으로 우리를 더욱 강인하게 하여 "나의 하나님은 신실하시다"라는 간증을 하게 하는 곳이기도 하다.

우리는 결정적인 믿음의 시험을 치르게 될 때, 어려운 환경에서 오랫동안 하나님의 도움을 기다려도 아무 일도 일어나지 않을 때, 우리 앞에 놓여 있는 큰 문제들과 고통의 사나운 파도와 우리를 파괴하려는 악한 세력과 능력들을 주목하게 된다. 그러나 그때야말로 하나님의 약속을 전적으로 의지해야 할 때요, 의심의 면전에서 문을 '쾅' 닫아야 할 때이다. 그럴 때, 우리는 확고한 마음으로 계속 전진할 것을 결심해야 한다. 홍해 물이 금방이라도 우리를 덮칠 듯 보여도 우리가 그 물에 젖지 않도록 하나님께서 우리를 데려가시기 때문이다. 우리는 우리가 고백하는 믿음 위에 굳게 서야 한다. 하나님은 우리가 생각하는 것보다 훨씬 더 크신 분이라고 단언해야 한다.

미국의 기독교 작가인 린다 에번스 셰퍼드(Linda Evans Shepherd)는 믿음의 삶에 대해 이렇게 말했다.

믿음의 목표는 하나님을 거스르는 것이 아니라 하나님과 동행하는 것입니다. 믿음의 삶은 단지 우리가 원하는 것을 얻는 것에 관계된 것이 아닙니다. 믿음의 삶은 하나님의 가장 좋은 것을 구한 다음에 꼭 응답해주실 것이라 믿고 의지하는 것에 관계된 것입니다.

| 하나님의 손이 분명하게 느껴질 때 | 당신이 지금 무슨 일을 겪든지 그 안에 하나님이 계신다. 지금 당신이 기다림의 장소에 이르게 되었다면, 그것은 하나님께서 그런 환경을 당신의 삶에 허락하셨기 때문이다. 지금은 하나님께서 당신의 믿음을 파괴하겠다고 위협하시는 것 같겠지만, 사실 하나님께서는 당신의 믿음을 더하고 계신다. 당신이 진정 믿음으로 걷는 중이라면, 지금 이렇게 기다림의 장소에 이르게 된 것은 하나님께서 당신의 발걸음을 인도하셨기 때문이다.

당신을 지금 있는 그곳에 데려가신 이는 하나님이시다. 하나님께서 그렇게 하신 데에는 선한 이유가 있다. 당신의 믿음을 시험하시기 위해서이다. 당신의 믿음은 마땅히 시험을 받아야 한다. 핀치백(P. B. S. Pinchback, 1837-1921. 인종차별이 심했던 19세기 말 흑인으로서 드물게 주지사 자리에 올랐던 미국의 정치가)이 말한 그대로, 믿음은 당신이 붙잡고 있는 모든 것이 될 때 비로소 믿음이 될 수 있기 때문이다.

전능하신 주 하나님께 계속 초점을 맞출 때, 하나님을 믿고 의지하면서 마음의 평화를 잃지 않을 때, 하나님의 건져주심이 당신이 행하거나 말하거나 혹 기도하는 무엇을 통해서가 아니라 바로 믿음을 통해서 온다는 것을 깨닫게 될 것이다. 이는 의심의 여지가 없다. 당신의 믿음은 종종 다른 모습으로 변장하는 하나님의 은혜를 통해 온다.

우리는 하나님의 도움을 기다릴 때, 과연 하나님이 성경에서 자신에 대해 말씀하신 바로 그 하나님이 맞는지 의문을 제기하지 않을 수 없다. 우리의 믿음 부족으로 하나님이 우리의 삶에 관심이 없다거나 실제로 존재하지 않을 수도 있다는 생각에 사로잡히는 순간들이 있다. 때로는 그런 순간들이 몇 년씩 지속되기도 한다.

인생의 산꼭대기에 서 있는 순간에는 하나님의 측량할 수 없는 사랑과 능력의 힘을 제대로 깨닫지 못한다. 가장 어두운 날, 가장 곤고한 밤, 가장 깊은 골짜기에 갔을 때 비로소 하나님의 부인할 수 없는 존재를 깨닫게 된다. 하나님으로부터 온 이적이 아닌 그 어떤 것도 우리를 구원할 수 없다는 것을 깨닫게 된다. 그때는 하나님께서 나타나지 않으시면 우리 삶의 모든 것들이 끝나버리는 때요, 결국에는 우리가 하나님을 발견하게 되는 때이다.

하나님의 빛은 어둠 속에서 가장 밝게 빛나고, 하나님의 사랑은 우리가 무력할 때 더 강력해진다. 하나님의 권능의 손은 우리가 사자 굴에 떨어졌을 때, 거인들과 맞서고 있을 때, 사나운 풍랑이 우리의 삶을 위협하고 있을 때 더욱 분명하게 나타난다. 우리는 기다림의 장소에 있을 때, 모든 희망이 사라진 것처럼 보일 때, 하나님께서 항상 함께하신다는 것과 기대에 어긋나지 않는 사랑으로 우리를 감싸주신다는 것, 언제나 족한 은혜를 끝없이 부어주신다는 것을 깨닫게 된다.

| 보이지 않아도 믿고 의지할 기회 | 기다림의 장소에서 믿음의 시험을 치러보지 않은 사람, 하나님을 믿지 못하게 만드는 상황에 처해보지 않은 사람은 "나는 진정으로 하나님을 믿고 의지합니다"라고 말하지 못한다. 하나님의 대기실에서 기꺼이 하나님의 뜻과 때를 기다려보지 않는 사람은 이렇게 말하지 못한다.

"나는 하나님의 뜻대로 되기를 기도하고 있습니다."

"하나님의 타이밍을 믿고 의지합니다."

우리가 기다림의 장소에 있을 때, 신령한 기회가 우리 마음의 문을 두드린다. 우리를 낙담시키는 환경과 상황은 하나님께서 정하신 것들이다. 하나님께서는 당신과 소위 일대일의 시간을 갖기 위해, 당신과 당신의 믿음에 관한 것들을 깨우쳐주시기 위해, 당신의 남은 믿음의 여정에 결정적으로 중요한 것들을 가르치시기 위해 그런 만남의 장소를 마련하신 것이다. 하나님께서는 당신이 무엇을 원하는지 잘 아시지만, 당신을 지극히 사랑하시기 때문에 당신이 '원하는 것들'이 아니라 당신이 '필요한 것들'을 주신다.

하나님께서는 하나님의 일이 이루어질 때까지 당신이 기다림의 장소에 머물러야 한다는 것을 잘 아신다. 그러니 기다림의 장소에 가게 될 때마다, 모든 어려움에 직면할 때마다 확신하라! 보이지 않는 것들 안에서 하나님을 믿고 의지할 기회라는 것을, 풍성한 복을 받을 기회라는 것을 꼭 확신하라!

예수께서 이르시되 너는 나를 본 고로 믿느냐 보지 못하고 믿는 자들
은 복되도다 하시니라 요 20:29

시험을 참는 자는 복이 있나니 이는 시련을 견디어 낸 자가 주께서 자
기를 사랑하는 자들에게 약속하신 생명의 면류관을 얻을 것이기 때
문이라 약 1:12

하나님을 기다리고 있지만 그 어디에서도 찾을 수 없는 것처럼
보일 때, 너무나 약해져서 더 이상 기다림을 계속할 수 없을 때, 당
신을 지탱해주는 것은 하나님의 은혜뿐이다. 그럴 때 믿음으로 하
나님의 말씀을 의지해야 한다.

우리는 극도로 어려운 상황에 처하게 될 때, 무엇인가를 붙잡으
려고 한다. 그러한 상황에 처하게 될 때, 우리는 하나님의 약속을
붙잡거나 아니면 우리 힘으로 우리 자신을 구해내기 위해 이 세상
의 모든 것들을 무엇이든지 붙잡는다. 그러나 어떻게 하든지, 결국
예수님만이 우리를 구할 수 있다는 것을 깨닫게 된다.

우리 인생에 불어닥치고 있는 큰 풍랑이, 실은 풍랑으로 변장한
하나님의 은혜이다. 하나님께서는 우리에게, 하나님이 그 풍랑을
잔잔하게 하시는 것을 목격할 수 있는 기회를 주신다. 모든 기다림
의 장소는 하나님을 직접 대면할 수 있도록, 당신이 상상하거나 바
라는 모든 것 이상의 이적을 목격할 수 있도록 우리를 준비시키시

는 하나님의 방법이다(엡 3:20).

│ 기회를 붙잡아라 │ 기다림의 장소에서 하나님을 향한 믿음과 신뢰를 보이려고 할 때, 당신은 하나님께서 왜 그런 극심하고 힘든 환경에 우리를 처하도록 허락하셨는지 받아들이기 쉽지 않다. 성경에서 자신이 사랑이라고 분명히 말씀하신 하나님께서 당신에게 고통과 아픔을 허락하시어 매일 겪게 하신다는 것을 깨달을 때, 어쩌면 당신의 믿음은 뿌리까지 흔들릴지 모른다.

그러나 당신이 바닥으로 추락하여 아무것도 아닌 것이 될 때, 그때 바로 하나님께서 위로 올라가 무엇인가가 되신다. 영혼의 공허함과 아픔, 눈물과 끝없는 기다림으로 변장한 하나님의 은혜가, 상상도 못했던 방식으로 하나님을 목격하고 체험할 수 있는 곳으로 당신을 데려가는 중이다. 하나님께서 기다림의 장소에서 당신의 믿음을 강하게 하실 때, 당신의 삶에서 다양한 모습으로 변장하고 있는 하나님의 은혜가, 하나님의 지속적인 임재와 강력한 능력, 완벽한 공급과 풍성한 평화를 밝히 드러낼 것이다.

지금 불확실성에 직면해 있는가? 중간지대 어딘가에 갇혀 옴짝달싹도 못하는가? 하나님의 도우심을 기다리는가? 그렇다면 지금이야말로 하나님을 굳게 믿고 의지할 때이니 그 기회를 꼭 붙잡아라. 하나님을 믿고 의지할 만한 물증이 전혀 없을 때라도 꼭 붙잡아라. 상황과 이유를 막론하고 하나님을 굳게 믿고 의지하라. 하나님의 침묵과 외견상의 부재(不在)는, 하나님의 은혜로 온통 둘러싸이도록 당신의 영혼을 향해 손짓하는 거룩한 신호이다.

당신은 그것을 생각했던 것보다 훨씬 더 잘 해낼 수 있다. 당신은 하나님 안에서 이제껏 짐작할 수 있던 것보다 훨씬 더 강해질 수 있다. 시련의 때와 기다림의 시간이, 당신이 생각했던 것보다 더 오래, 더 강렬하게 하나님을 의지하라고 가르친다. 하나님께서 당신이 상상하지 못한 놀라운 방법으로 당신의 믿음을 더하신다.

그러니 의심을 뚫고 지나가라. 아픔과 고통의 한가운데서 견고하게 서라. 하나님의 약속 안에서 평화를 얻어라. 캄캄한 인생의 때를 지날 때, 하나님께서 하나님의 빛으로 밝혀주신 것들을 굳게 붙잡아라. 모든 소망이 사라졌다고 해도 믿음만은 잃지 말라. 믿음이야말로 당신의 삶에 하나님의 함께하심과 능력을 가져다준다. 절망에 빠지지 말라. 하나님이 분명히 계시며 당신을 돌보신다는 것을 확신하라. 하나님께서 침묵하고 계실지라도 그 침묵 안에서 당신에게 말씀하신다는 것을 명심하라.

| **하나님의 침묵** | 우리의 삶은 아무 예고 없이 갑자기 한순간에 더 나쁜 쪽으로 급변할 수 있다. 우리는 단단한 땅을 딛고 서 있다고 확신하는 바로 그때 가라앉기 시작하는 것을 느끼며, 그럴 때 우리가 할 수 있는 일이라고는 그저 전적인 무력함 속에서 하나님께 울부짖는 것뿐이다.

우리가 그렇게 '기다림의 장소'에 이를 때, 하나님께서는 그저 침묵하고 계신 것처럼 보인다. 어쩌면 당신은 과거에 하나님의 도움을 기다려본 적이 있을지 모르고, 또 하나님의 도우심을 체험한 적이 있을지도 모른다. 하지만 웬일인지 이번에는 그 어디에서도 하나님의 도움의 손길을 발견하지 못한다.

하나님의 침묵은 당신을 계속 주저앉히기만 할 뿐이다. 절망적일 때의 하나님의 침묵은 아무리 노력해도 감당하기 어렵다. 그것은 우리를 좌절시키고 매우 고통스럽게 한다. 지금 하나님은 저 멀리 계신 것처럼 보인다. 하나님의 임재를 느낄 수 없고, 음성도 들을 수 없는 시련의 상황이 오면 너무나 혼란스러워 버림받은 느낌, 이 세상에 혼자인 기분이 든다.

그러나 하나님께서 당신을 버리신 것도 아니고, 당신이 혼자인 것도 아니다. 당신의 간절한 부르짖음이 천국의 문에 부딪혀 되돌아오는 것처럼 느껴질 때, 당신의 애절한 간청을 들어주시기를 바라지만 하나님께서 도통 듣지 않으시는 것처럼 느껴질 때, 하나님께서 즉각 달려와 도와주시기를 기대하지만 아무 일도 일어나지 않았을 때, 다음 세 가지를 꼭 기억하기 바란다.

| 하나님의 침묵 1 더욱 친밀한 관계 | 지금까지 우리는 하나님의 말씀을 들을 수 있도록 집중해왔지, 하나님의 침묵에 대해서는 전혀 준비되어 있지 않았다. 하지만 하나님의 침묵으로 우리의 영혼이

두려움에 휩싸여 하나님의 부재를 느낄 때, 우리는 그 두려운 마음으로 다음 시편의 진리를 확신해야 한다.

> 내가 주의 영을 떠나 어디로 가며 주의 앞에서 어디로 피하리이까 …
> 내가 새벽 날개를 치며 바다 끝에 가서 거주할지라도 거기서도 주의
> 손이 나를 인도하시며 주의 오른손이 나를 붙드시리이다 내가 혹시
> 말하기를 흑암이 반드시 나를 덮고 나를 두른 빛은 밤이 되리라 할지
> 라도 주에게서는 흑암이 숨기지 못하며 밤이 낮과 같이 비추이나니
> 주에게는 흑암과 빛이 같음이니이다 시 139:7, 9-12

하나님의 침묵은 하나님과의 침묵으로 들어갈 수 있는 기회가 된다. 그것은 하나님과 '말이 필요한' 관계에서 '어떤 말도 필요하지 않은' 친밀한 관계로 나아오라는 하나님의 초대이다. 우리는 기다림의 장소에 있을 때, 하나님을 보지 못할 수도, 느끼지 못할 수도 있다. 그러나 하나님께서는 분명 그곳에 계신다. 문제는 하나님께서 그곳에 분명히 계신다는 것을 당신이 믿느냐, 믿지 못하느냐 하는 것이다.

| 하나님의 침묵 2 더 큰 믿음의 준비 | 구세주께서 지금 당신의 옆에서 걸으며 계속 이적을 행하신다면, 그 구세주를 믿고 의지하는 데에는 그리 많은 믿음이 필요하지 않을 것이다.

그러나 구세주께서 십자가에 달리신다면 당신의 믿음은 어떻게 될까? 오늘이 그리스도께서 십자가에 달리신 다음 날이라면 당신의 믿음은 어떻게 될까? 그리스도께서 사흘 만에 부활하실 것이라 약속하셨지만 그날은 아직 오지 않았고, 그리스도께서 정말 약속대로 부활하실지 확신할 수 없다면 당신의 믿음은 어떻게 될까?

예수님의 제자들은 그 어디에서도 하나님을 발견할 수 없는 것처럼 느껴졌을 때, 예수님이 하신 모든 말씀을 잊어버리고 도망쳐 숨어버렸다. 우리도 절망적인 상황에 놓이게 될 때, 제자들과 조금도 다르지 않은 반응을 보일 것이다.

하지만 하나님께서는 가장 높은 인생의 정상에 오르든지, 가장 깊은 골짜기 아래로 내려가든지, 매일 매순간 하나님을 믿고 의지하라고 명하신다. 하나님의 침묵은 우리의 믿음을 시험대 위에 올려놓는다. 하나님의 침묵은 우리 믿음의 진위(眞僞)를 가려낸다.

하나님의 침묵은 마치 자녀에게 자전거 타는 법을 가르치는 부모와 같다. 처음에 부모는 아이를 꼭 붙잡고 옆에서 나란히 걷는다. 아이가 자전거를 타고 비틀비틀 앞으로 나아가는 과정 내내 계속 격려하면서 넘어지지 않게 잡아준다. 아이에게 자신감을 심어주기 위해 노력한다.

그러나 어느 시점에 이르면 손을 놓고 아이 혼자 가게 한다. 그것은 아이를 사랑하지 않거나 버렸기 때문이 아니다. 자녀에게 자전거 타는 법을 가르쳤다는 것을 알고 있기 때문이다. 그동안 자녀에게 가르쳤던 것들을 이제 자녀 스스로 연습해야 할 때가 되었음을 잘 알고 있기 때문이다.

마찬가지로 하나님의 침묵은 우리가 앞에 있는 길을 잘 헤쳐 나아가도록 준비시켜주신다. 하나님께서는 이 시험을 통해, 오직 하나님께 전념하는 믿음, 끝까지 참고 견디는 믿음을 우리에게 형성해주신다. 그리고 이 시험은 우리가 하나님보다 더 믿고 의지하는 것들을 낱낱이 밝혀낸다.

하나님께서는 우리가 진정 하나님과 함께 인생길을 걷고자 한다면, 인생의 모진 풍랑을 기꺼이 각오해야 한다는 것을 잘 아신다. 기독교 철학자 엘튼 트루블러드(D. Elton Trueblood)의 "믿음은 증거 없는 소신이 아니라 무조건적인 신뢰이다"라는 말처럼 우리가 무조건적으로 하나님을 믿고 의지하는 믿음을 가져야 한다는 것 역시 하나님께서는 잘 아신다.

| 하나님의 침묵 3 완전한 굴복 | 하나님의 침묵으로 돌파구가 생길 수 있다. 어떻게 그럴 수 있을까? 씨앗이 자라는 것을 지켜본 적이 있는가? 사실 그것은 불가능하다. 씨앗에서 일어나는 모든 일들은 컴컴한 땅 아래에서 이루어지기 때문이다.

우리의 삶에도 이처럼 우리의 심령 가장 깊은 곳에서 이루어져서 눈에 보이지 않는 것들이 있다. 이는 믿음의 눈으로 보아야 한다. 그럴 때, 당신이 믿음으로 전진하기 위해 꼭 해야 할 일들, 그것을

깨우쳐주기 위해 성령께서 당신 안에서 역사하신다는 것과 그러한 성령의 역사가 하나님의 침묵 안에서 일어나고 있다는 것을 깨닫게 될 것이다.

하나님께서 침묵하실 때, 당신에게 영양분을 공급하실 뿐 아니라 당신을 강하게 하여 남은 과정을 잘 견딜 수 있도록 하나님은 깊은 뿌리를 가꾸신다. 우리는 튤립으로 자라길 바란다. 그러나 하나님께서는 우리를 장미로 가꾸신다. 그러므로 우리 삶의 모든 것들, 특히 육신적 욕망들을 하나님께 굴복시켜야 하나님의 손에서 자랄 수 있다.

| **침묵 중에도 일하시는 하나님** | 믿음의 삶을 살아가면서 우리는 자신의 뜻을 내려놓고 하나님의 뜻을 온전히 붙잡는 지점에 반드시 이르러야 한다. 하나님께서는 침묵하실 때도 우리를 위해 일하신다. 하나님께서 침묵하실 때 일하시는 것들은 우리에게 꼭 필요한 것이다. 하나님의 침묵은 우리를 향한 하나님의 뜻이 이루어지는 데 필요한 시간만큼 지속될 것이다. 그러나 새벽 빛이 어둠을 끝낸다는 것을 언제나 확신할 수 있는 것처럼, 우리 삶의 어두운 시기 또한 반드시 끝날 것을 확신할 수 있다.

하나님께서 침묵하시더라도 계속 하나님을 찾는다면, 하나님의 침묵은 당신이 상상했던 것보다 훨씬 더 많은 것들을 당신 안에서 이룰 것이다. 기다림의 장소야말로 하나님께서 당신을 위해 집중적

으로 일하시기에 가장 완벽한 곳이다. 당신은 하나님의 침묵을 통해 하나님과 더 깊은 친밀함을 가꿀 수 있고, 하나님은 믿고 의지할 만한 분이라는 것을 깨달을 수 있으며, 하나님 안에서 모든 이해를 초월하는 힘을 얻을 수 있다.

예수님의 제자들은 예수님이 자신들을 버렸다고 느꼈을 때, 예수님이 말씀해주셨던 귀한 진리를 잊어버렸다. 그러나 당신은 그렇게 하지 말라. 하나님의 침묵으로 당신 귀에 아무 소리도 들리지 않는 때가 오면, 당시 제자들이 잊었던 다음의 진리를 상기하라.

볼지어다 내가 세상 끝날까지 너희와 항상 함께 있으리라 마 28:20

이 약속을 확실히 믿는가? 그렇다면, 기다림의 장소에서 하나님을 기다릴 때, 하나님께서 결코 늦지 않으실 것을 확신할 수 있을 것이다.

CHAPTER 2

기다림의 장소는
강력한 역사가 있는 곳이다

인생은 예상치 못하게 급변한다. 우리는 우회로를 택하기로 결심하든 정면 돌파를 피할 수 없게 되든 결국 막다른 골목에 이르게 된다. 이리저리 복잡하게 굽은 모퉁이들이 방향감각을 무디게 하는 탓에 제어능력을 잃고 같은 자리를 맴도는 것같이 느껴진다. 가장 순탄한 길로 가려고 날마다 애쓰지만, 아무 경고도 없이 길가 도랑에 처박혀 있는 우리 자신의 모습을 보게 된다.

그럴 때는 어딘지도 모르는 곳에 혼자 버려진 느낌이 든다. 도움이 가장 필요할 때이지만, 도움은 어디에서도 오지 않는 것 같다. 만일 믿음이 인생의 비극을 대비한 든든한 보험이라면, 그런 보험은 드나마나인 것처럼 보인다.

| **지독한 배신감** | 그런 엄연한 현실을 깨닫는 순간, 지금까지 죽지 않고 살아 있다는 사실에 깜짝 놀란다. 그러나 다른 한편으로는 차라리 죽었으면 좋겠다는 생각이 들기도 한다. 왜 그런 것일까?

하나님께 도움을 구하며 애타게 부르짖지만 아무 응답도 하지 않으시는 것처럼 보이기 때문이다. 절망감으로 진이 빠진다. 믿음의 선한 싸움으로 기진맥진한다. 의심이 우리를 짓밟고 승전가를 부르는 것처럼 느껴진다.

하나님께서 도우러 오지 않으시면 우리는 끝장날 수밖에 없다. 그런데 하나님께서는 오지 않으신다. 하나님께서 우리를 위해 역사하신다고 해도 그것이 보이지 않는다. 정말 우리를 사랑하신다고 해도 아무것도 느껴지지 않는다. 냉엄한 인생의 결정적인 국면이 시작될 때, 하나님께서 우리를 자상하게 보살펴주시는지 의아해하지 않을 수 없다. 과거를 돌아보며 결론짓는다.

"하나님은 나를 위해 무언가를 할 수 있었을 텐데 하지 않으셨어."

돌이켜보면 하나님께서 잔인하게도 우리의 기도를 웃음거리로 만드신 것 같다. 선한 것을 소망했을 때 악한 것이 왔고, 빛을 찾았을 때 어둠이 엄습했다.

내가 복을 바랐더니 화가 왔고 광명을 기다렸더니 흑암이 왔구나 내 마음이 들끓어 고요함이 없구나 환난 날이 내게 임하였구나

욥 30:26,27

우리는 지금까지 줄곧 씨름해온 것이 단지 믿음의 문제가 아니라 우리를 사랑한다고 단언하시는 하나님께 버림받았다는 느낌, 배신을 당했다는 느낌의 문제라는 것을 깨닫는다. 그래서 울부짖기 시작한다.

여호와여 내가 부르짖어도 주께서 듣지 아니하시니 어느 때까지리이까 내가 강포로 말미암아 외쳐도 주께서 구원하지 아니하시나이다

합 1:2

이보다 더 나쁜 것이 있을까? 하나님께서는 계속 침묵으로 일관하시고, 우리 마음의 공허함은 더욱 커져만 간다. 하나님께서는 왜 자녀들에게 고통과 아픔을 허락하시는 것일까?

루이스(C. S. Lewis, 1898-1963. 영국 출신의 20세기 최고의 영성작가)는 강력한 어조로 말했다.

하나님께서는 우리의 기쁨 안에서는 속삭이시고, 양심 안에서는 말씀하시지만, 고통 안에서는 크게 외치신다. 고통은 귀먹은 세상을 깨우기 위한 하나님의 확성기이다.

그것이 사실이라고 해도, 우리는 하나님께서 그렇게 큰 목소리로 우리에게 외치지 않았으면 좋겠다고 생각한다. 그런데 하나님께서 우리의 고통 안에서 크게 외치셔야 할 만큼 우리가 그렇게 대책 없이 귀가 먹어버린 것일까?

이 질문에 대해 성경은 명백히 "그렇다"라고 대답한다.

귀가 있어도 듣지 못하며 시 115:6

| 하나님을 볼 수 없는 이유 | 하나님께서 우리에게 크게 외치실 때, 우리가 하나님을 볼 수 없는 이유는 무엇일까? 우리에게 하나님이 절박하게 필요할 때, 하나님은 도대체 어디에 계신 것일까? 하나님께서는 '고통'이라는 확성기를 통해 우리에게 외치신다. 그러나 그 외침을 듣고 달려가도 우리는 하나님을 발견하지 못한다.

그런데 내가 앞으로 가도 그가 아니 계시고 뒤로 가도 보이지 아니하며 그가 왼쪽에서 일하시나 내가 만날 수 없고 그가 오른쪽으로 돌이키시나 뵈올 수 없구나 욥 23:8,9

의심이 다시 한 번 무대 위에 등장하고, 이런저런 질문들이 소용돌이처럼 걷잡을 수 없이 솟아오른다.

"하나님은 나의 이 절망감을 이해하실까?"

"내가 겪고 있는 이 고통과 아픔을 아실까?"

우리 영혼은 하나님의 침묵을 통해 한마디의 속삭임을 듣는다. 그래서 일시적으로 상기한다.

그가 아들이시면서도 받으신 고난으로 순종함을 배워서 온전하게 되셨은즉 히 5:8,9

우리에게 있는 대제사장은 우리의 연약함을 동정하지 못하실 이가 아니요 모든 일에 우리와 똑같이 시험을 받으신 이로되 죄는 없으시니라 히 4:15

우리의 영혼은 깊은 욕구가 채워졌음을 깨닫고 고요해진다. 우리가 단지 우리의 고통에 대한 모든 것을 아시는 하나님을 원할 뿐 아니라 또한 친히 고통을 당하시는 하나님을 원하기 때문이다.

그는 멸시를 받아 사람들에게 버림 받았으며 간고를 많이 겪었으며 질고를 아는 자라 사 53:3

어쩌면 우리는 우리의 상황이 십자가를 견디는 것만큼이나 고통스럽다고 주장할지 모른다. 하지만 그러한 주장은 전혀 타당하지 않다. 왜냐하면 우리의 상황이 아무리 고통스럽다고 해도, 우리가 문자 그대로 '피와 물'을 흘리고 있지는 않기 때문이다.

> 그 중 한 군인이 창으로 옆구리를 찌르니 곧 피와 물이 나오더라
>
> 요 19:34

우리는 사실을 깨달을 때, 십자가 밑에서 우리 자신을 겸손히 낮추게 된다. 그렇지만 하나님이 우리 고통을 다 아시며 그분이 친히 고통당하신 분이라는 것을 깨달아 우리 영혼이 고요해질지라도 우리는 의아하지 않을 수 없다.

"과연 하나님은 내가 알지 못하는 무엇인가를 알고 계실까?"

"하나님의 관점으로 보면 모든 것들이 달라 보일까?"

"정말 하나님은 내가 알고 있는 것보다 더 큰 그림을 알고 계실까?"

"하나님께서 모든 것들이 합력하여 선을 이루도록 나의 아픔과 고통 속에서 일하시는데, 내 눈에 그런 것들이 보이지 않는다는 게 가능한 일인가?"

"정말 하나님께서는 분명한 목적과 뜻으로 이 모든 일들을 행하실까?"

우리는 어쩌면, 정말 어쩌면 그럴지도 모른다고 생각한다. 사실 우리가 모든 것들을 곰곰이 따져보는 순간, 영국 출신의 영성훈련 지도자 그레이엄 쿡(Graham Cooke)의 말을 떠올려본다.

하나님께서는 하나님의 능력으로 쉽게 막을 수 있는 것들을 지혜로 허락하신다.

많은 사람들은 이러한 그의 통찰이 믿음을 불러일으키고 믿음을 더한다고 생각할지 모른다. 그러나 우리가 느끼기에는 하나님께서 우리를 사랑하시며 모든 것들이 합력하여 결국 선을 이루도록 역사하신다는 것을 아는 것만으로는 무엇인가 충분하지 않은 것 같다.

| 더 좋아 보이지 않는 길 | "하나님은 믿고 의지할 만한 분인가?"라는 질문은 우리의 영혼이 명확하게 증명되지 않은 미결(未決) 문제로 여기는 것 중 하나이다. 사실 우리가 이 질문의 답을 곰곰이 생각할 때, 하나님의 길이 우리의 길보다 더 높다는 것을 상기한다.

이는 하늘이 땅보다 높음 같이 내 길은 너희의 길보다 높으며 내 생각은 너희의 생각보다 높음이니라 사 55:9

"그런데 사랑의 하나님은 왜 내게 이런 고통을 허락하신 것일까?"

우리는 인생의 가혹한 시련 속에서 고통을 당할 때, 끊임없이 질문하며 믿음으로 분투한다. 이때 하나님의 생각이 우리의 생각보다 더 높다는 것을 확신한다. 아무리 애써도 하나님을 완전히 파악

할 수 없다는 것을 믿어 의심하지 않는다.

그러나 문제는 하나님의 길이 우리의 길보다 더 높다고 해도, 절대 더 좋아 보이지 않는다는 것이다. 우리가 우리의 삶을 위한 계획들을 수립하지만, 우리의 발걸음은 하나님께서 정하시고, 우리가 절대 원치 않는 곳으로 데려가신다.

사람이 마음으로 자기의 길을 계획할지라도 그의 걸음을 인도하시는 이는 여호와시니라 잠 16:9

우리는 바로 앞에 있는 다음 계단을 밟으려 하지만, 언제나 무엇인가에 발이 부딪히는 것을 느낀다. 이런 식으로 어쩔 수 없는 절망감에 우리를 계속 무릎을 꿇게 만드시는 하나님을 어떻게 믿고 의지할 수 있을까?

우리는 하나님과 함께 인생길을 걷기로 결단한다. 그러나 하나님께서는 우리를 낭떠러지 끝으로 데려가신다. 우리는 두려움에 압도되어 벼랑 끝에 서 있는 우리 자신의 모습을 발견한다. 그러나 하나님은 당장이라도 우리를 밀어버릴 것처럼 보인다. 우리는 무력해진다. 단념한다. 그리고 속수무책으로 어둠의 나락으로 추락한다.

| 얼굴을 땅에 대고 엎드리기 | 사랑의 하나님은 대체 어떤 분이기에 우리에게 이런 일을 하실까? 그러나 하나님이 우리에게 하나님 자

신을 믿고 의지하라고 가르치는 분이라는 것이 명백하다.

> 보라 이런 것들은 그의 행사의 단편일 뿐이요 우리가 그에게서 들은
> 것도 속삭이는 소리일 뿐이니 그의 큰 능력의 우렛소리를 누가 능히
> 헤아리랴 욥 26:14

"굳게 믿고 의지하다"라는 뜻의 '신뢰하다'라는 단어는 매우 흥미롭다. 이 단어의 어근은 "얼굴을 땅에 대고 엎드리다"라는 뜻의 말에서 파생되었다. 우리가 이 사실을 염두에 둘 때, 비로소 상황이 파악된다. 하나님께서 우리를 낭떠러지 아래로 떨어트려 일어나지 못하게 하시는 이유가 바로, 얼굴을 땅에 대고 엎드리게 하기 위해서라는 것이다. 그렇게 하는 것이 하나님을 믿고 의지하는 것이기 때문이다. 얼굴을 땅에 대고 엎드리는 것, 그것이 신뢰에 관한 모든 것이다.

하나님께서는 믿음이 더 이상 선택사항이나 사치품이 아닌 곳, 필수품이 되어야 하는 곳으로 우리를 데려가신다. 신뢰는 수동적인 태도나 마음의 상태가 아니다. 단 일초라도 그런 생각을 하지 말라. 신뢰는 그 어떤 역경과 시련이 우리를 제압하기 위해 달려든대도 하나님의 약속을 굳게 붙잡고 매달리기로 선택하는 우리 영혼의 역동적이고도 활기찬 행위이다.

| **가장 높은 형태의 믿음** | 하나님을 믿고 의지하는 것이 쉬운 일은 아니지만 그래도 우리가 하나님을 굳게 믿고 의지하는 것에 대해 생각할 때, 우리를 위해 고난을 받으신 구세주께서는 말씀하신다.

아버지께서 주신 잔을 내가 마시지 아니하겠느냐 요 18:11

이 말씀은 우리의 믿음을 한층 더 작아보이게 만든다. 우리가 하나님께서 건네신 고난의 잔을 기꺼이, 기쁘게, 안심하고 마시는 믿음을 갖고 있지 않기 때문이다.

이는 우리가 듣기를 바라는 말이 아니다. 하지만 예수님은 우리가 어떻게 하나님을 믿고 의지해야 하는지 친히 본(本)이 되어 주신다. 모든 것들을 하나님께 맡기는 것, 특별히 고통과 아픔을 당할 때 모든 것들을 하나님께 맡기는 것은 가장 높은 형태의 믿음이다.

찰스 파크허스트(Charles Parkhurst, 미국의 목회자이자 사회개혁가)는 이러한 믿음에 대해 다음과 같이 말했다.

이렇게 말하고 행하는 것은 바다를 잔잔하게 하거나 죽은 사람을 일으키는 것보다 훨씬 더 큰 것이다. 선지자들과 사도들은 놀라운 이적을 일으킬 수 있었다. 하지만 그들이 언제나 하나님의 뜻을 감내하고 행할 수 있는 것은 아니었다. 하나님의 뜻을 감내하고 행하는 것은 믿음의 가장 높은 형태요, 그리스도인의 가장 숭고한 위업이다.

젊은 날 강렬했던 포부를 제대로 펼쳐보지도 못하고 접어야 하는
것, 자신과 전혀 맞지 않는 일상의 무거운 짐을 지면서 숨 돌릴 틈
조차 얻지 못하는 것, 사랑하는 사람들에게 위안을 줄 정도의 수입
을 바라지만 그마저도 여의치 않는 것, 치료 불가능한 신체적 장애
로 무력하게 되는 것, 사랑하는 사람들을 모두 잃고 혼자 남는 인
생의 충격을 마주하게 되는 것, 이러한 훈련의 학교에서 "내 아버
지께서 주신 고난의 잔을 내가 어찌 마시지 않을까"라고 말할 수
있는 것, 그것이 바로 가장 숭고한 믿음이요, 최고의 상태에 이른
영적 성공이다.

큰 믿음은 대단한 일을 행하는 능력이 아니라 인생의 아픔과 고통
을 감내하는 능력 안에서 나타난다.

우리는 하나님을 굳게 믿고 의지하기를 원한다. 산을 움직이는
믿음을 갖길 원한다. 그러나 그런 믿음을 가지려면, 어떤 아픔과 고
통을 겪는다 해도 그 모든 것들이 하나님의 영광을 위해, 그리고 우
리에게 가장 좋은 것들을 주기 위해 하나님께서 허락하신 것임을
확신해야 한다. 산을 움직이는 믿음을 가지려면 하나님께서 우리의
모든 것들을 책임져주신다는 것, 그 무엇도 하나님 모르게 일어나
지 않는다는 것을 알아야 한다. 그 누구라도, 그 무엇이라도 하나님
의 주권적인 뜻 밖에서 움직이지 못하며, 그분의 뜻에 반하여 움직

이지 못한다는 것을 알아야 한다.

어수선한 우리 마음에 하나님의 음성이 다시 한 번 들린다.

나는 하나님이라 나 외에 다른 이가 없느니라 나는 하나님이라 나 같
은 이가 없느니라 내가 시초부터 종말을 알리며 아직 이루지 아니한
일을 옛적부터 보이고 이르기를 나의 뜻이 설 것이니 내가 나의 모든
기뻐하는 것을 이루리라 사 46:9,10

| 가장 강력하게 일하시는 곳 | 인생의 역경에 정면으로 부닥칠 때,
우리의 상황은 가망이 없어 보인다. 그러나 그런 절망적인 장소야
말로 하나님께서 자신이 어떤 분이신지를 우리 삶에 가장 강력하게
드러내실 수 있는 곳이다. 우리가 그런 절망적인 상황에서 하나님
의 뜻을 계시해주시기를 기다릴 때, 하나님께서는 종종 하나님의
뜻이 무엇인지가 아니라 하나님이 어떤 분이신지를 우리에게 드러
내신다는 것을 깨닫는다.

우리의 삶에서 고통과 아픔이 계속될 때, "이렇게 아픈데 하나님
은 어디에 계신가요?"라는 우리의 질문은 "고통과 아픔이 그치지
않는 이때, 하나님은 어디에 계신가요?"와 같은 질문이 된다. 그럴
때 우리는 하나님께서 우리의 삶에서 역사하신다는 것, 졸지도 않
고 주무시지도 않는다는 것(시 121:4), 우리의 절망감을 통하여 우리
를 하나님께서 가까이 끌어당기신다는 것을 알게 된다. "하나님을

믿고 의지할 것인가? 하나님의 말씀을 곧이곧대로 받아들일 것인가?"하는 문제와 관련해서 하나님께서 우리에게 그 결단을 할 수 있도록 준비시킨다는 것을 깨닫게 된다.

우리는 절망적인 상황에서 두 가지 중 하나를 선택할 수 있다. "하나님으로부터 도망치는가, 아니면 하나님을 향해 달려가는가?" 그것은 우리의 선택이다. 그런 선택의 기로에서 무릎을 꿇고 하나님을 굳게 믿고 의지하면, 하나님께서는 이 말씀이 우리의 삶에서 어떤 의미를 갖는지 온전히 깨닫게 해주신다.

> 우리가 알거니와 하나님을 사랑하는 자 곧 그의 뜻대로 부르심을 입은 자들에게는 모든 것이 합력하여 선을 이루느니라 롬 8:28

당신이 지금 직장을 잃더라도, 이혼의 불행을 겪더라도, 아픔과 고통의 한가운데 있더라도, 주변 사람들과의 관계가 깨져 마음고생을 하더라도, 병을 앓더라도, 상실감에 빠져 슬퍼하더라도, 하나님께서는 그 모든 것들이 결국 당신에게 유익이 되도록 역사하신다.

| 토요일의 믿음 | 하나님은 하나님의 자녀들에게 필요한 모든 것이 되신다. 그리고 당신이 인생의 깊고 어두운 골짜기를 지날 때, 하나님께서는 이 진리를 깨우쳐주신다. 하나님은 구원의 하나님이시다. 어쩌면 당신은 지금 하나님의 건져주심이 아직 임하지 않은 날, '토

요일'을 살아가고 있는지 모른다.

　그러나 분명히 말하지만, 하나님은 '주일'의 하나님, 부활의 날의 하나님이시다. 당신이 하나님의 건져주심이 임하지 않은 지금, '토요일'에 하나님을 믿고 의지할 때, 죽은 자들을 일으키시는 하나님의 능력을 확신할 때, 하나님께서 당신 무덤의 돌을 굴리기 직전에 계신지도 모른다. 하나님께서는 우리가 '토요일'에 하나님을 믿고 의지하기를 원하신다. 하나님께서는 '토요일'에 우리의 믿음을 찾으신다.

　　여호와의 눈은 온 땅을 두루 감찰하사 전심으로 자기에게 향하는 자들을 위하여 능력을 베푸시나니 대하 16:9

　하지만 당신의 고통스러운 상황을 돌아보면 영영 부활의 날인 주일이 올 것 같지 않다. 시련의 날에 하나님을 굳게 믿고 의지하기는 쉽지 않다. 그러나 언제 어떤 상황에서든지 하나님을 굳게 믿고 의지할 때, 그것이 모든 것들을 가능하게 만든다. 당신도 알겠지만, 하나님께서는 불가능한 일들을 행하기 좋아하신다.

　따라서 지금 낭떠러지 끝에 몰려 있다면, 절망감에 압도되어 무릎을 꿇고 있다면, 하나님께서 당신을 하나님께서 원하시는 바로 그곳으로 데려가신 것이다. 당신을 그곳으로 데려가신 이는 하나님이시다. 하지만 불행하게도, 우리 가운데 어떤 이들은 먼 길을 돌고

돈 뒤에야 비로소 하나님을 믿고 의지하는 그곳에 도달한다.

| 하나님을 굳게 믿고 의지하는 믿음으로 | 지금 어둡고 힘든 상황에 처해 있는가? 절망적인 상황에 처해 있는가? 그렇다면, 하나님께서 이스라엘 백성들을 홍해로 인도하셨던 것처럼 당신을 당신의 홍해로 인도하신 것이다. 다니엘이 사자 굴에 던져지게 허락하셨던 것처럼 당신에게도 똑같이 행하신 것이며, 거인 골리앗을 쓰러트릴 기회를 다윗에게 주셨던 것처럼 당신에게도 똑같은 기회를 주신 것이다. 하나님께서는 다니엘의 세 친구 사드락과 메삭, 아벳느고가 맹렬한 풀무에 던져지도록 허락하셨지만, 그곳에서 그들을 만나주셨다. 마찬가지로 하나님께서는 당신이 인생의 고통과 불행의 풀무 가운데 있을 때 당신을 만나주실 것이다.

하나님께서 베드로에게 물 위를 걷는 기회를 주셨던 것처럼 지금 당신에게 물 위로 걸어오라고 부르신다. 하지만 하나님의 부르심을 따라 물 위를 걸으려면 무엇보다 먼저 하나님을 굳게 믿고 의지해야 한다. 하나님께서 당신에게서 찾으시는 것이 바로 그것, 하나님을 굳게 믿고 의지하는 믿음이다. 하나님께서는 당신의 이 완전히 부서지고 꺾인 마음을 찾으신다.

그리고 하나님께서는 결단하라고, 하나님을 믿고 의지하겠다는 결단을 하라고 요구하신다. 때로는 하루에도 몇 번씩, 한 시간에도 몇 번씩, 1분에도 몇 번씩 그러한 결단을 요구하신다. 그것은 당신의 선택이다. 하나님께서는 그 선택을 당신의 몫으로 남겨두신다.

하나님을 굳게 믿고 의지하기로 선택하기 전에 하나님의 성적표를 보고 싶은가? 그렇다면 성경을 찾아보라. 하나님을 믿고 의지하여 후회한 사람은 단 한 사람도 없다. 오히려 하나님을 신뢰하지 않겠다고 마음먹었던 불신앙의 사람들이 토해낸 슬픔이 성경 전체에 가득하다는 것을 알게 될 것이다.

우리는 오로지 결단할 때만, 하나님의 말씀을 믿겠다고 결단할 때만 하나님을 믿고 의지할 수 있다. 하나님의 말씀은 당신에게 주시는 하나님의 약속이므로 그 말씀 하나하나에 당신의 삶을 다 걸어도 괜찮다.

성경에 이르되 누구든지 그를 믿는 자는 부끄러움을 당하지 아니하리라 하니 롬 10:11

| 믿음의 길 | 우리가 무슨 일을 당하든지 하나님을 믿고 의지하기로 결단하면 하나님께서 자신의 신실하심을 입증해나가는 것을 목격할 수 있다. 또는 하나님께서 우리를 하나님을 믿고 의지하는 것이 필요한 그곳으로 데려가시는 것을 체험할 수 있다.

대부분의 사람들은 믿음의 길에서 이 두 가지 모두를 체험한다. 그리고 어떤 경우이든지 모든 소망이 끊어진 상태에서 가혹한 믿음의 시험을 받을 때, 오직 하나님만 믿고 의지할 수 있을 뿐 어느 누

구도 믿지 못할 때, 그런 상황에서 벗어날 길이 있다. 하지만 그 길은 당신이 그런 상황에서 예상하는 그런 길이 아니다.

> 사람이 감당할 시험 밖에는 너희가 당한 것이 없나니 오직 하나님은 미쁘사 너희가 감당하지 못할 시험 당함을 허락하지 아니하시고 시험 당할 즈음에 또한 피할 길을 내사 너희로 능히 감당하게 하시느니라 고전 10:13

피할 길, 그것은 우리가 극도로 어려운 상황에서 애타게 갈망하는 것이다. 하지만 하나님의 길은 우리의 길과 다르다. 하나님께서는 우리의 생각과 전혀 다른 길로 우리를 데려가신다.

역경과 시련에서 벗어날 길을 내주시기 위해 역경과 시련의 골짜기, 바로 그곳을 지나게 하신다. 우리의 뜻을 포기하지 않을 수 없는 곳으로 데려가 하나님의 뜻을 기꺼이 받아들이게 하신다. 그리고 그럴 때 우리는 우리를 위해 역사하시는 하나님의 여러 가지 방법 가운데 하나를 어렴풋이 깨닫게 된다. 그것은 바로, 하나님께서 우리를 온전하게 만들기 위해 깨트리고 부서트리신다는 것이다.

> 우리는 우리 자신이 사형 선고를 받은 줄 알았으니 이는 우리로 자기를 의지하지 말고 오직 죽은 자를 다시 살리시는 하나님만 의지하게 하심이라 고후 1:9

우리는 시련과 역경의 한가운데서 더 이상 돌아갈 수 없는 지점에 이른다. 그때 그런 상황에서 벗어날 수 있는 유일한 길이 바로 그 상황을 뚫고 지나가는 것이다. 또 그 상황을 뚫고 지나갈 수 있는 유일한 길이 바로 하나님을 믿고 의지하는 것임을 깨닫게 된다.

그러나 이러한 뜻밖의 깨달음은, 인생이 그다지 어려운 것이 아니라는 말과 마찬가지로 우리의 용기를 조금도 북돋아주지 못한다. 왜냐하면 사실 표면적으로 볼 때, 그런 깨달음은 우리의 상황이 반드시 더욱더 나빠지리라는 것을 의미하기 때문이다.

"역경과 시련이 가혹한 고통으로 우리의 삶을 파괴하고 있을 때, 정말 하나님을 믿고 의지할 수 있을까?"

"하나님께서는 간절하게 하나님을 찾는 이들을 정말 구하러 오실까?"

"하나님께서는 환난 날에 하나님을 부르는 이들을 건져주실까?"

믿음의 문제에 대해 정곡을 찌르는 이런 질문들을 던진 사람은 당신이 처음도 아니고 또 마지막도 아닐 것이다. 다음 시편 기자의 불안과 근심의 토로가 왠지 모르게 친숙하게 들리지 않는가?

나의 환난 날에 내가 주를 찾았으며 밤에는 내 손을 들고 거두지 아니하였나니 내 영혼이 위로 받기를 거절하였도다 내가 하나님을 기억하고 불안하여 근심하니 내 심령이 상하도다 주께서 내가 눈을 붙이지 못하게 하시니 내가 괴로워 말할 수 없나이다 내가 옛날 곧 지나간 세월을 생각하였사오며 밤에 부른 노래를 내가 기억하여 내 심령으로, 내가 내 마음으로 간구하기를 주께서 영원히 버리실까, 다시는 은혜를 베풀지 아니하실까, 그의 인자하심은 영원히 끝났는가, 그의 약속하심도 영구히 폐하였는가, 하나님이 그가 베푸실 은혜를 잊으셨는가, 노하심으로 그가 베푸실 긍휼을 그치셨는가 하였나이다 시 77:2-9

우리가 극도로 어려운 상황에서 믿음으로 분투하며 '하나님을 믿고 의지하는 것'이라는 문제에 직면했을 때, 우리는 이런 질문을 던진다.

"하나님은 믿고 의지할 만한 분인가?"

이상하게 들릴지 몰라도, 하나님께서는 우리가 이런 질문을 할 때 기뻐하신다.

│ 매순간 해야 하는 투표 │ "하나님의 길인가, 나의 길인가" 당신은 선택해야 한다. 하나님께서는 말씀하신다.

하나님의 도(道)는 완전하고 여호와의 말씀은 순수하니 시 18:30

당신의 삶은 찬반(贊反)을 분명히 표시하는 투표이다. 당신은 지금 하나님께 찬성하거나 반대하고 있다. 하나님을 믿거나 믿지 않고 있다. 하나님을 믿고 의지하면서 살아가거나 하나님을 거짓말쟁이라고 말하며 살아간다. 이런 말들은 다소 거친 느낌을 주지만, 명백한 사실이다.

당신은 문제에 대해 반드시 투표를 해야 한다. 신자이든 불신자이든 모든 사람들이 다 투표를 해야 한다. 우리는 매일 투표해야 한다. 이 투표는 하나님의 존재를 믿는 것에 관한 것이 아니다. 귀신들도 하나님의 존재를 믿기 때문이다.

네가 하나님은 한 분이신 줄을 믿느냐 잘하는도다 귀신들도 믿고 떠느니라 약 2:19

이 투표는 하나님의 신실하심에 관한 것이다.

하나님은 사람이 아니시니 거짓말을 하지 않으시고 인생이 아니시니 후회가 없으시도다 어찌 그 말씀하신 바를 행하지 않으시며 하신 말씀을 실행하지 않으시랴 민 23:19

하나님을 믿는다는 것은, 하나님의 존재를 믿는 것과는 전적으로 다른 문제이다. 하나님을 믿는 것은 하나님을 신뢰하는 것, 즉 굳게 믿고 의지하는 것이다. 하나님을 믿는다는 것은, 하나님께서 하나님의 말씀을 통해 자신에 대해 하신 말씀들을 그대로 믿는 믿음을 갖는 것이다. 믿음이 하나님의 말씀을 들음에서 나는 것처럼 신뢰는 그 믿음에 근거한다. 하나님을 신뢰하는 것은 믿음 안에서 발걸음을 내딛는 것이다. 하나님께서 하나님의 말씀을 신실하게 지키신다는 것을 확신하는 것이다.

세계적인 기독교 철학자 니콜라스 월터스토프(Nicholas Wolterstorff)는 우리의 믿음에 대해 이렇게 말했다.

믿음은 우리가 알지 못하는 인도교(人道橋)로서, 우리를 협곡 위로 데려가 마침내 그 다리로 걷지 않을 수 없게 만드는 것이다.

| 섬세함의 하나님 | 의심의 순간에 우리가 해야 할 일은 발걸음을 멈추고 깊이 심호흡을 하고 주변을 돌아보면서 명백한 것들을 매우 정직하게 관찰하는 것이다. 하나님이 존재하신다는 증거는 명백하기 때문에 다른 경우에 대해 생각하며 조금의 시간이라도 보내는 것은 무의미하다.

미국 기독교의 차세대 리더로 꼽히는 프랜시스 챈(Francis Chan) 목사는 우리에게 이렇게 촉구한다.

발걸음을 멈추고 생각해보십시오. 지금 당신은 한 시간에 1,600킬로미터 이상을 회전하는 이 거대한 구체 위에 서 있습니다. 그것은 그렇게 한 시간에 1,600킬로미터씩 회전을 하면서 또한 10만 7천 킬로미터씩 태양 주위를 돌고 있습니다. 실로 경이로운 일이 아닐 수 없습니다!

이처럼 하나님은 우주를 계속 움직이는 능력이 있는 분이시다. 우리는 삶과 죽음을 다하여 하나님을 믿고 의지해도 좋을 것이다. 우리는 다음의 시편 말씀을 읽을 때, 하나님의 권능에 대해 곰곰이 묵상한다.

주의 손가락으로 만드신 주의 하늘과 주께서 베풀어두신 달과 별들을 내가 보오니 사람이 무엇이기에 주께서 그를 생각하시며 인자가 무엇이기에 주께서 그를 돌보시나이까 시 8:3,4

그러나 우리는 헤아릴 수 없이 많은 별들을 하늘에 놓으신 그분, 각각의 별들을 하늘에 놓으신 그 하나님의 존재는 믿지만 그분의 신실하심은 종종 의심한다. 하나님은 섬세함의 하나님이시다. 하나님께서는 당신 삶의 세세한 것들을 다 아신다. 하나님께서 당신 삶의 모든 것들을 낱낱이 다 아신다는 것을 절대 의심하지 말라.

너희에게는 심지어 머리털까지도 다 세신 바 되었나니 두려워하지 말라 너희는 많은 참새보다 더 귀하니라 눅 12:7

| 의심마저 선을 위해 사용하신다 | 그럼에도 하나님의 신실하심에 대한 의심이 끊임없이 우리 마음의 문을 두드린다. 그렇지 않은가? 그러나 안심하고 믿어라. 하나님의 말씀이 당신의 삶에서 다시 한 번 진리가 된다는 것을, 하나님께서 모든 것들을 선(善)을 위해 사용하신다는 것을, 심지어 하나님의 신실하심에 대한 당신의 의심마저도 선을 위해 사용하신다는 것을 안심하고 믿어라.

기독교 심리학자인 폴 트루니에(Paul Tournier)는 우리의 의심과 믿음에 대해 다음과 같이 단언했다.

더 이상 의심의 기회가 없는 곳에는 더 이상 믿음의 기회도 없다. 지금 의심하고 있는가? "하나님은 믿고 의지할 만한 분인가?"라는 질문이 당신 안에서 용솟음치고 있는가? 그렇다면 의심해도 괜찮다는 것을 알라. 그런 내면의 의심을 강압적으로 누르기만 하고 그것이 자기주장을 펼치게 하지 않으면, 당신의 믿음은 결코 성장하지 못하며 당신의 삶의 협곡을 건너는 데 꼭 필요한 인도교가 되지 못할 수도 있다.

믿음의 길을 걸으면서 때로 "하나님은 믿고 의지할 만한 분인가?" 의심하는 것은 괜찮다. 하지만 하나님의 신실하심에 대한 의심이 당신의 삶을 지배하도록 용인하는 것은, 존 오트버그(John Ortberg) 목사가 《하나님, 당신을 의심해도 될까요?》(Faith and Doubt)

에서 말한 것처럼 "다이빙 도약대에서 점프한 뒤 실제로 물에 들어가는 것을 뒤로 미루려고 애쓰는 것"과 같다. 사실 이렇게 하기는 불가능하다. 믿음의 길을 걷는 사람은 저 아래 물이 있다는 것과 그 속으로 뛰어들어야 한다는 것을 곧 확신하게 될 것이다.

무엇인가를 의심하려면 무엇인가를 믿어야 한다. 당신이 때로 하나님의 신실하심을 의심한다는 것은, 하나님의 살아 계심을 믿는다는 것을 뜻한다. 그러니 때로 하나님의 신실하심에 대한 의심이 든다는 이유로 당신 자신을 너무 괴롭히지 말라. 모든 성도들이 다 그런 의심을 한다.

하나님의 존재하심을 믿는 믿음은 믿음의 첫 발걸음이다. 그러나 당신을 물 안에 있게 만들 뿐만 아니라 심지어 물 위로 걸을 수 있게 하는 것은 궁극적으로 하나님의 신실하심을 신뢰하는 것, 즉 범사에 하나님을 굳게 믿고 의지하는 것 안에서 일어난다.

| 선택과 믿음의 문제 | "하나님을 믿고 의지할 것인가, 그렇지 않을 것인가?" 하는 것은 전적으로 선택의 문제이다. 그리고 어느 쪽도 선택하지 않는 것 역시 선택의 일부분이다.

하나님을 믿고 의지하는 것은 일회성의 결단이 아니다. 그것은 하루에도 수백 번씩 해야 하는 결단이다. 그 결단은 때로는 사소한 것일 수도 있고, 때로는 인생을 변화시키는 중대한 사안일 수도 있다. 그러나 어느 쪽이든 그 선택은, 하나님이 진실하고 신실하다는

것을 믿느냐, 믿지 않느냐 하는 것으로 귀착된다.

신약성경에서 베드로는 예수님이 물 위를 걸어오셨을 때 하나님을 믿고 의지할 기회를 가졌다(마 14:22-33). 그때 다른 제자들은 배에 머물러 있었다. 베드로는 위험을 감수했다. 심지어 그는 의심하고 있었지만 믿고 의지하기로 선택했다.

예수님을 유령으로 착각하고 비명을 지르던 제자들에게 예수님은 말씀하셨다.

"안심하라 나니 두려워하지 말라."

"주여, 만일 주님이시거든 나를 명하사 물 위로 오라 하소서."

"오라."

베드로는 배 밖으로 나와 물 위를 걸어 예수님 쪽으로 다가갔다. 그러나 바람을 보자 무서워하며 물에 빠지기 시작했고 소리쳤다.

"주여, 나를 구원하소서."

그러자 예수님은 즉각 손을 내밀어 그를 붙잡으며 말씀하셨다.

"믿음이 작은 자여, 왜 의심하였느냐."

이 이야기에서 주목할 것은 제자들이 예수님보다 '앞서' 호수 건너편으로 갔다는 것이다(마 14:22). 성경은 예수님이 제자들을 "앞서 건너편으로 가게" 하셨다고 기록하고 있지만, 그것이 제자들의 의사인지, 예수님의 결정에 의한 것인지 정확히 알기는 힘들다. 그렇지만 우리가 종종 하나님보다 '앞서' 가는 경향이 있다는 것은 분명한 사실이다.

그런데 이 이야기에서 더욱더 주목할 것은, 제자들이 예수님보다 앞서 가고 있다고 생각하지만, 예수님이 그들에게 걸어오셨다는 사실이다. 이 이야기에서 우리는 하나님께서 언제나 우리와 함께하시지, 우리 혼자 앞서 가게 내버려두지 않으신다는 것을 알 수 있다.

또한 우리는, 베드로와 하나도 다르지 않다는 것을 알게 된다. 우리는 믿기 원하지만 주변 환경에 압도된다. 시련과 역경이라는 거센 바람이 우리의 마음에 두려움을 불어넣기 시작하면 즉각 예수님에게서 시선을 뗀다. 그러나 하나님을 믿고 의지하는 데에는 위험을 감수하는 것이 필요하다. 얕은 물에서는 믿음이 성숙하지 못한다.

| **38년 된 병자의 선택** | 신약성경에는 물과 관련해 우리의 선택에 대해 가르치는 또 하나의 일화가 있다. 베데스다 연못 이야기이다 (요 5:1-15). 그 연못은 병든 사람들을 치유하는 연못으로 유명했다. 그 연못 주변에는 많은 병자들, 맹인, 다리 저는 사람, 중풍병자 등이 누워 있었다. 거기는 38년 된 병자도 있었다. 38년이나 병을 앓았다니 정말 오랜 시간이다.

예수님은 그 사람을 보시고는 이렇게 물으셨다.

"네가 낫고자 하느냐?"

38년 된 병자에게 하나님의 아들이 던진 질문치고는 너무 시시하고 터무니없어 보인다. 하지만 이 질문은 우리 인생의 힘들고 어려운 상황에서 하나님께서 우리에게 바라시고 요구하시는 것이 무엇인지를 분명히 드러낸다. 그렇다. 하나님께서는 우리가 하나님을 향해 그저 "도와주세요!"라고 간청하기를 바라고 요구하신다.

그런데 그 병자의 대답 역시 놀랍다. 하나님의 아들이 바로 앞에 있는데도 변명하고 있다. 그저 "도와주세요!"라고 간청하면 되는 상황인데도, 자기 힘으로 문제를 해결하지 못한 것에 대한 변명을 늘어놓는다. 우리도 그와 같은 행동을 한 적은 없었을까? 그 사람은 대답했다.

"주여, 물이 움직일 때에 나를 못에 넣어주는 사람이 없어 내가 가는 동안에 다른 사람이 먼저 내려가나이다."

우리는 그 사람의 변명을 비웃는다.

"정말 얼토당토않은 변명이네!"

하지만 우리의 변명 역시 그보다 낫지 않다.

그러자 예수님은 말씀하셨다.

"일어나 네 자리를 들고 걸어가라."

그 사람은 곧 나아서 자리를 들고 걸어갔다. 알아차렸는가? '곧'이라는 단어를.

│ **믿음의 길에서 만나는 장애물** │ 잘 들어라. 예수님이 당신에게 오기를 기다리지 말고, 예수님께 나아가라. 하늘로부터 신령한 징조가 임하거나 당신의 영혼에 신비한 느낌이 있을 때, 그때 하나님을

믿고 의지하겠다고 생각하지 말라. 장담하지만 당신이 절망적인 환경에 있을 때, 그런 일들은 결코 일어나지 않을 것이다. 어쩌면 물이 움직일 때 당신을 연못에 넣어줄 사람이 아무도 없을지 모른다.

당신은 언제나 오직 주님 안에서 힘을 얻어야 할 것이며, 하나님께서 하나님의 말씀을 신실하게 지켜주실 것이라 굳게 믿고 의지하면서 믿음으로 일어나 걸어야 할 것이다.

> 백성들이 자녀들 때문에 마음이 슬퍼서 다윗을 돌로 치자 하니 다윗이 크게 다급하였으나 그의 하나님 여호와를 힘입고 용기를 얻었더라
>
> 삼상 30:6

일단 믿음의 발걸음을 뗐는가? 그렇다면 당신의 마음에 두려움을 가득 불어넣는 역경의 바람을 맞게 되리라는 것을, 그 두려움이 의심이 되어 하나님을 향한 다음 발걸음을 떼지 못하게 막으리라는 것을, 그리고 원수 마귀와 정면으로 마주치게 되리라는 것을 기억하라.

한 경건한 설교자는 말했다.

"만일 당신이 때로 원수 마귀와 정면으로 마주치지 않는다면, 마귀와 같은 방향으로 걷고 있는 것이 틀림없다."

마귀와 같은 방향으로 움직이고 있는 것은 아닌지 확인하라. 마귀와 정면으로 마주치는 것을 두려워하지 말라. 사도 바울이 단언

한 그대로 하나님께서 당신 편이신데, 누가 감히 당신에게 대항하겠는가?

> 그런즉 이 일에 대하여 우리가 무슨 말 하리요 만일 하나님이 우리를 위하시면 누가 우리를 대적하리요 롬 8:31

믿음의 길에서 마주치는 장애물들이 다 원수 마귀의 전략의 일부이지만, 또한 하나님의 손 안에 있는 도구라는 것을 알라. 하나님께서 당신 인생의 모든 것들을 다스리신다. 하나님께서는 당신의 삶을 형통하게 하실 뿐만 아니라 고생스럽게도 만드신다.

> 형통한 날에는 기뻐하고 곤고한 날에는 되돌아보아라 이 두 가지를 하나님이 병행하게 하사 사람이 그의 장래 일을 능히 헤아려 알지 못하게 하셨느니라 전 7:14

> 우리가 하나님께 복을 받았은즉 화도 받지 아니하겠느냐 욥 2:10

| **축복인가, 저주인가** | 하나님이 하나님이시고, 우리는 하나님이 아니라는 것을 빨리 깨달으면 깨달을수록 더 나은 믿음의 삶을 살아갈 수 있다. 만일 우리가 우리 자신의 보좌에 앉아 우리 자신의 나라를 다스리기로 선택한다면, 하나님께서는 그렇게 하도록 내버려

두실 것이다. 그러나 하나님께서는 우리에게 오직 하나님을 굳게 믿고 의지할 것을 촉구하신다. 성경을 통해 호소하고 설득하신다. 생명을 선택하라고, 하나님의 길을 선택하라고 촉구하신다.

> 내가 오늘 하늘과 땅을 불러 너희에게 증거를 삼노라 내가 생명과 사
> 망과 복과 저주를 네 앞에 두었은즉 너와 네 자손이 살기 위하여 생명
> 을 택하고 신 30:19

하나님께서는 생명과 죽음, 축복과 저주 가운데 하나를 택하는 것이 우리의 몫이라는 점을 분명히 하신다. 이 선택은 결정적으로 중요하다. 생명과 죽음, 이것보다 중요한 것은 없기 때문이다. 이 땅에서 하나님의 축복보다 더 좋은 것은 없고, 하나님의 저주보다 더 나쁜 것은 없기 때문이다. 정말 쉬운 선택이 아닌가?

미국의 영적 지도자 A. W. 토저 목사(Aiden Wilson Tozer, 1897-1963)는 자신의 저서 《하나님을 바로 알자》(The Knowledge of the Holy)에서 이 선택에 대해 다음과 같이 기록했다.

> 우리의 영혼은 하늘에 계신 우리 아버지께서 우리의 현재 유익과
> 영원한 복락을 위해 섭리의 환경을 우리 주변에 펼쳐주신다는 것
> 을 적극적으로 믿을 때, 참된 축복의 자리에 이른다. 우리는 조금
> 기도하고 조금 계획하고는 좋은 자리를 차지하려고 애쓰면서 인생

길을 걸어간다. 또한 어떤 것도 굳게 확신하지 않기를 바라면서, 혹시라도 길을 잃을까 언제나 전전긍긍하지 않기를 소망하며 인생을 살아간다.

이것은 비극적으로 진리를 놓치는 것이요, 결코 우리 마음에 쉼을 주지 못한다. 이보다 더 나은 길이 있다. 우리 자신의 지혜를 거부하는 대신에 하나님의 무한한 지혜를 받아들이는 것이다. 앞에 있는 것들을 알고자 하는 우리의 고집은 충분히 자연스러운 것이다. 그러나 그것은 우리의 영적 진보에 실제적인 장애가 된다. 하나님께서는 우리의 영원한 행복에 대한 완전한 책임을 스스로 떠맡으셨고, 우리가 믿음으로 하나님을 의지하는 순간에 우리 삶의 경영권을 인계받을 준비를 하신다.

| 하나님의 길 vs 나의 길 | 문제는 "하나님의 길을 따라 살아가고자 하느냐, 우리 자신의 길을 따라 살아가고자 하느냐?" 하는 것이다. 우리는 세상이라는 바다에 떠 있는 배이다. 그러나 우리가 그 배의 선장이라고 주장하느냐 주장하지 않느냐 하는 것이, 안전하게 목적지에 도착하느냐 아니면 광대한 바다에서 침몰하거나 영원히 길을 잃게 되느냐 하는 것에 결정적인 영향을 끼친다.

어느 캄캄한 밤, 한 척의 배가 검은 바다 위를 항해하고 있었다. 그때 망을 보던 선원이 앞쪽의 불빛을 보았다. 선원은 선장에게 보고했고, 선장은 앞에 있는 배에 다음과 같은 메시지를 보내라고 지

시했다.

"앞쪽에 있는 배는 들어라. 항로를 남방으로 10도 변경하기를 요청한다."

그러자 그쪽에서 답신이 왔다.

"너희가 항로를 북방으로 10도 변경하기를 요청한다."

이에 선장은 화를 내면서 좀 더 명확한 메시지를 다시 보냈다.

"너희가 항로를 남방으로 10도 변경하기를 요청한다. 나는 선장이다."

그쪽에서 다시 답신이 왔다.

"너희가 항로를 북방으로 10도 변경하기를 요청한다. 나는 3등 항해사이다."

그러자 선장은 노발대발하면서 다시 메시지를 보냈다.

"너희가 항로를 남방으로 10도 변경하기를 요청한다. 우리는 군함이다."

그쪽에서 다시 답신이 왔다.

"너희가 항로를 북방으로 10도 변경하기를 요청한다. 우리는 등대이다. 선택은 너희들의 몫이다."

선택은 너희들의 몫이다! 그렇다. 선택은 우리의 몫이다. 예수님은 우리 삶의 등대이다. 다시 말하지만, 우리 삶의 역경과 시련은 하나님께서 우리를 하나님께로 인도하기 위해 사용하시는 수단이다. 하나님께서는 우리를 위해 길을 만들어주셨다.

예수께서 이르시되 내가 곧 길이요 진리요 생명이니 나로 말미암지 않고는 아버지께로 올 자가 없느니라 요 14:6

지금 어두운 시기를 지나고 있는가? 그렇다면, 하나님께서 빛 안에서 보여주셨던 것들을 의심하지 말라. 우리 인생의 모든 것들은 결국 하나님을 믿고 의지하느냐, 그렇지 않느냐 하는 것으로 귀착된다. 그리고 "하나님은 믿고 의지할 만한 분인가?" 하는 우리의 질문은 "하나님은 정말 우주만물을 주권적으로 다스리시는 분이신가?" 하는 또 다른 질문으로만 답을 얻을 수 있다. 우리의 믿음은 그 하나의 질문에 어떻게 대답하느냐에 따라 결정된다. 그리고 그 하나의 질문에 어떻게 대답하느냐 하는 것이 우리 삶의 모든 것들을 바꾸어놓는다.

| **언제나 우리를 기다리신다** | '거의' 주권적인 하나님은 없다. 하나님은 우주만물을 주권적으로 통치하시는 분이거나 아니거나 둘 중 하나이다. 그리고 만일 하나님이 우주만물을 주권적으로 통치하시는 분이 아니라면, 우리는 하나님을 믿고 의지할 수 없다. A. W. 토저 목사가 이렇게 말했다.

하나님에 대해 생각할 때 우리 마음에 떠오르는 것이 우리에 관한 가장 중요한 것이다.

하나님은 실재하신다. 우리가 믿든지 믿지 않든지 하나님은 실제로 존재하신다. 우리가 믿지 않는다고 하나님의 존재가 지워지는 것은 아니다. 마찬가지로 우리의 믿음과 신뢰가 부족하다고 하나님의 신실하심이 무효화되는 것도 아니다.

어떤 자들이 믿지 아니하였으면 어찌하리요 그 믿지 아니함이 하나님의 미쁘심을 폐하겠느냐 롬 3:3

우리는 미쁨이 없을지라도 주는 항상 미쁘시니 자기를 부인하실 수 없으시리라 딤후 2:13

어쩌면 당신은 지금 하나님의 궁극적인 주권을 믿고 의지하는 것은 고사하고, 하나님이 존재하신다는 것조차 확신하지 못하는 상태에 있는지 모른다. 어쩌면 당신은 인생길에서 한 걸음 물러나, 왜 하나님을 믿어야 하는지 깨달아야 할 상황에 처해 있는지도 모른다.

만일 지금까지 예수님을 당신의 구세주로 영접하지 않았다면, 고단한 삶의 시련으로 녹초가 된 상태에서 당신 자신의 길을 가고 있다면, 지금 바로 예수님께 나아가기를 바란다.

| 구원의 제안 | 예수님은 언제나 당신을 기다리신다. 그리스도를 갖지 않으면, 당신의 고통은 무의미한 불행이 되어버린다. 그러나

예수님이 당신의 삶을 다스리게 맡기면, 예수님을 당신의 주님 (Lord)과 구세주(Savior)로 영접하면, 그분께서 당신과 동행하며 모든 어려움들을 헤쳐 나가게 해줄 것이다. 고통의 한가운데서 상상도 하지 못할 평화와 기쁨을 선사해주실 것이다. 예수님의 구원의 제안을 받아들이기를 원한다면 나를 따라 다음과 같이 기도하라.

주 예수님! 예수님이 하나님의 참된 아들이심을 믿습니다. 제 생각과 말과 행동으로 예수님을 거슬러 죄를 범했음을 자백합니다. 제 모든 잘못들을 용서하시고, 이제부터 예수님과의 관계 안에서 살아갈 수 있게 허락하소서. 예수님을 제 구세주로 영접합니다. 저를 죄에서 구원하기 위해 십자가에서 행하신 일들을 겸손히 받아들입니다. 제 인생의 남은 날 동안 예수님을 따를 수 있게 저를 성령으로 가득 채워주소서. 아멘.

일단 이렇게 기도했으면, 당신의 존재를 다하여 예수님을 찾아라. 밤낮으로 성경 말씀을 묵상하라. 하나님을 꼭 붙잡고 절대 놓지 말라. 하나님께서는 무한한 사랑으로 당신을 사랑하신다.

CHAPTER 3

기다림의 장소는
하나님을 바로 아는 곳이다

하나님을 믿고 의지하기 위한 유일한 길은 하나님을 아는 것이다. 하나님을 아는 것은, 어떤 날은 믿기 어려울 만큼 가혹해 보이고, 어떤 날은 지독할 만큼 무의미해 보이는 인생에서 평화와 의미를 발견하는 열쇠가 된다.

하나님께서는 우리를 향한 사랑으로 말씀하신다. 하나님을 찾으면 찾아낼 것이라고, 마음을 다하여 찾으면 꼭 찾아낼 것이라고 말씀하신다(마 7:7). 그럴 때, 우리는 아이러니하게도, 하나님의 존재와 주권, 능력과 섭리가 '믿음'에 관계된 것들이 아니라 '사실'에 관계된 것들이라는 사실을 깨닫게 된다.

너희가 온 마음으로 나를 구하면 나를 찾을 것이요 나를 만나리라

렘 29:13

| **내가 약한 그 때에 강함이라** | 당신의 눈에 하나님께서 당신에게서 숨는 것처럼 보일지라도, 하나님께서는 결코 당신에게서 숨지 않으신다. 하나님께서는 까다로운 질문들이나 거북한 상황을 회피하지 않으신다. 하나님께서는 당신이 하나님께 나오기를 언제나 기다리신다.

> 그러나 여호와께서 기다리시나니 이는 너희에게 은혜를 베풀려 하심이요 일어나시리니 이는 너희를 긍휼히 여기려 하심이라 대저 여호와는 정의의 하나님이심이라 그를 기다리는 자마다 복이 있도다

사 30:18

하나님께서는 당신이 하나님께 오기를 기다리신다. 당신에게 하나님의 사랑을 부어주길, 하나님의 빛으로 당신의 어둠을 밝혀주길 갈망하신다. 사실 당신의 삶의 모든 것들을 주권적으로 다스리시는 하나님께서는 이보다 훨씬 더 많이 당신을 사랑하신다. 하나님께서는 당신이 이 땅에서 평화와 기쁨을 체험하려면, 인생길을 걷는 동안 내내 범사에 하나님을 믿고 의지하는 것이 필요하다는 것을 잘 아신다. 그래서 지혜롭게 당신에게 절망적인 환경을 허락하신다.

당신의 절망적인 상황, 그것은 하나님께서 하나님에 관한 더 깊은 진리를 당신에게 가르치기 위해 스스로 마련하신 기회이다.

하나님께서는 당신의 무릎을 꿇려, 다른 어떤 곳이 아니라 오로지 위쪽을 바라보게 하신다. 하나님께서는 종종 우리가 구덩이를 너무 깊이 파 하나님의 도움이 없이는 빠져나올 수 없는 상황에까지 이르도록 허락하신다. 우리가 때로 절망적인 상황에 처하는 것, 우리 힘으로 빠져나오지 못할 만큼 깊은 구덩이에 빠져드는 것은 하나님의 계획에 의한 것이다. 하나님께서 우리에게 하나님을 믿고 의지하는 법을 가르치시기 때문이다.

그리스도인의 믿음의 삶에 한 가지 역설이 있으니 그것은 바로, 가장 강한 그리스도인이 가장 약한 그리스도인이며, 가장 약한 그리스도인이 가장 강한 그리스도인이라는 것이다.

그러므로 내가 그리스도를 위하여 약한 것들과 능욕과 궁핍과 박해와 곤고를 기뻐하노니 이는 내가 약한 그 때에 강함이라 고후 12:10

하나님의 어리석음이 사람보다 지혜롭고 하나님의 약하심이 사람보다 강하니라 고전 1:25

| 하나님에 대한 신뢰 | 그런데 하나님을 신뢰하려면, 굳게 믿고 의지하려면 어떻게 해야 할까? 하나님의 약속을 확신하려면 어떻게

해야 할까? 하나님을 신뢰하려면 무엇보다 하나님을 알아야 한다. 그리고 하나님을 알려면 하나님의 음성을 들어야 한다. 하나님의 음성은 하나님의 말씀을 통해 들을 수 있다.

> 고난 당한 것이 내게 유익이라 이로 말미암아 내가 주의 율례들을 배우게 되었나이다 시 119:71

하나님을 굳게 믿고 의지하려면, 하나님께서 우리에게 영향을 끼치는 모든 것들을 주권적으로 통치하신다고 확신하는 것이 결정적으로 중요하다. 만일 우주의 모든 사건들 가운데 하나님의 주권적인 통치 밖에서 일어날 수 있는 일이 단 하나라도 있다면, 우리는 하나님을 믿고 의지할 수 없다.

만일 당신이 세상은 순전히 우연에 의해 돌아간다고 생각한다면, 당신이 탄 비행기가 안전하게 목적지에 도착하거나 어떤 비행기가 추락하는 일이 일어난다고 해도 그 일은 하나님을 신뢰하는 것과 관련해 당신에게 아무런 영향력을 끼칠 수 없을 것이다. 그러나 당신이 항상 당신을 돌보시는 사랑과 은혜와 권능의 하나님께서 세상을 다스리고 계신다고 믿는다면, 그런 믿음은 하나님을 신뢰하는 것과 관련하여 당신에게 큰 영향을 끼칠 것이다.

| 보이지 않는 것을 믿는 것 | 우리는 하나님의 사랑이 완벽하며 하나님의 지혜가 무한하다는 것을 절대적으로 확신해야 한다. 하지만 다른 누군가의 체험에 근거하여 하나님을 믿고 의지해서는 안 된다. 오직 하나님께서 성경에서 자신에 대해 하신 말씀에 근거하여 하나님을 믿고 의지해야 한다. 우리는 하나님께서 우리의 삶에서 역사하시는 것을 보길 원한다. 그러나 오직 믿음의 눈으로만 하나님의 손을 볼 수 있다는 것을 깨닫지 못한다. 또한 믿음은 눈에 보이는 것을 따라 행하지 않는다.

중세 기독교 신학자인 어거스틴(Augustine, 354-430)은 말했다.

믿음은 보이지 않는 것을 믿는 것이요, 이 믿음이 가져다주는 보상은 믿는 것을 보게 되는 것이다.

우리는 믿음으로 하나님을 받아들여야 한다. 하나님의 아들 예수 그리스도를 믿는 믿음으로 하나님을 받아들여야 한다. 하나님을 신뢰하는 법을 배워 나아갈 때, 무엇인가를 꼭 눈으로 봐야만 하는 것은 아니다. 아무것도 보이지 않더라도 하나님의 말씀을 굳게 믿으면, 하나님께서 우리를 위해 역사하신다는 것을 알 수 있다.

어떤 소년이 연(鳶)을 날리고 있었다. 바람도 세고 큰 구름들이 굽이치며 움직이고 있던 터라 연을 날리기에 더없이 좋은 날이었다. 연은 바람을 타고 오르고 또 올라 마침내 구름 속으로 숨었다. 그때

한 남자가 옆을 지나가다가 소년에게 물었다.

"뭐하는 거니?"

"연 날리고 있어요."

"연을 날리고 있다고? 하지만 아무것도 보이지 않는데, 네 연이 하늘에 떠 있다는 것을 어떻게 아니?"

"맞아요. 아무것도 보이지 않아요. 하지만 줄이 당겨지는 게 느껴질 때마다 확실히 알 수 있는 걸요."

그렇다. 우리 눈에 무엇이 어떻게 보이든 하나님의 계시된 말씀을 믿는 믿음을 통하여 하나님을 굳게 믿고 의지해야 한다. 하나님의 말씀은 우리의 생존에 절대적으로 중요하다. 그것이 우리의 길에 빛을 비추기 때문이다.

주의 말씀은 내 발에 등이요 내 길에 빛이니이다 시 119:105

우리는 하나님의 길을 알길 원한다. 하나님의 길은 숨겨져 있지 않다. 하나님의 길은 하나님의 말씀을 통해 계시되어 있다. 우리가 하나님의 말씀을 통하여 하나님을 찾고, 하나님의 음성을 들으려 할 때, 하나님의 길을 희미하게나마 알 수 있다. 하나님께서는 우리의 육신에 떡이 필요한 것처럼 우리의 영혼에 하나님의 말씀이 필요하다고 말씀하셨다.

사람이 떡으로만 살 것이 아니요 하나님의 입으로부터 나오는 모든 말씀으로 살 것이라 마 4:4

하나님의 말씀은 하나님의 입에서 나온 말씀이다. 하나님의 말씀은 우리를 가르치기 위해 기록되었다.

무엇이든지 전에 기록된 바는 우리의 교훈을 위하여 기록된 것이니 우리로 하여금 인내로 또는 성경의 위로로 소망을 가지게 함이니라 롬 15:4

우리는 하나님의 말씀을 통해 하나님의 길을 알 수 있다. 하나님께서는 우리에게 말씀해주실 만큼, 진리를 일러주실 만큼 우리를 사랑하신다. 그리고 우리는, 하나님이 우리 인생은 물론 우주 만물을 주권적으로 통치하시는 하나님이라는 것을 하나님의 말씀을 통해 배워 나아간다.

| 놀라운 믿음의 사실들 | 성경은 지금까지 인류가 기록한 모든 책들 가운데 가장 독특한 책이다. 성경은 2,000년이 넘는 세월 동안 베스트셀러의 자리에 있었다.

그것 하나만으로도 놀랍지만, 성경이 지니고 있는 또 다른 독보적인 특징은 기록된 2,500개가 넘는 예언들 가운데 거의 2,000개 이

상이 이미 성취되었다는 것이다. 나머지 500여 개의 예언은 우리의 장래에 관한 것들로 아직 성취되지 않았다.

성경의 2,500개가 넘는 예언들 가운데 2,000개 이상이 이미 이루어졌다. 숫자와 친한 사람이 아니더라도, 2,000개의 예언들 가운데 어느 하나가 우연히 이루어질 확률이 2,000분의 1이라는 것쯤은 어렵지 않게 알 수 있다. 그런데 더 흥미로운 부분은 성경에 기록된 예언들은 거의 서로 독립적인 것들이기 때문에, 그것들 모두가 우연에 의해 정확히 성취될 확률은 10의 2,000제곱 미만이라는 점이다. 10의 2,000제곱이라는 숫자는 1 뒤에 0이 2,000개가 붙은 수이다.

물론 인류 역사를 통해 장래의 일들을 부분적으로 예언한 사람들이 없는 것은 아니다. 하지만, 하나님께서는 하나님의 예언에는 작은 오류도 있을 수 없다고 분명히 말씀하신다. 하나님께는 사소한 오류의 여지도 없다. 이는 우리가 믿는 믿음이 아닌 명백한 사실이다.

네가 마음속으로 이르기를 그 말이 여호와께서 이르신 말씀인지 우리가 어떻게 알리요 하리라 만일 선지자가 있어 여호와의 이름으로 말한 일에 증험도 없고 성취함도 없으면 이는 여호와께서 말씀하신 것이 아니요 그 선지자가 제 마음대로 한 말이니 너는 그를 두려워하지 말지니라 신 18:21,22

| **성경은 믿을 만한 책인가?** | 성경은 2,000년이 넘는 세월 동안, 그 어떤 책보다 더 엄격하고 철저한 조사의 대상이었다. 그러나 그 누구도 성경의 신뢰성을 부정하지는 못했다. 성경이 그토록 오랜 세월 동안 엄하고 혹독한 비판을 견디고도 지금까지 우리에게 전해지고 있다는 단순한 사실 하나만으로도 우리는 성경의 초자연적인 특질을 주목하지 않을 수 없다. 성경이 초자연적인 책이 아니라면, 사악함과 냉소가 만연한 이 세상에서 벌써 오래 전에 분해되고 해체되었을 것이다.

버나드 램(Bernard Ramm, 미국의 침례교 신학자)은 히브리 성경 사본의 숫자와 정확성에 관해 '구약성경은 믿을 수 있나?'(Can I trust my old testament?)라는 제목의 강연에서 다음과 같이 말했다.

유대인들은 다른 어떤 문서들보다 더 공을 들여 구약 사본을 보존했다. 그들은 전통적으로 전해 내려오는 구약 사본의 모든 글자, 음절, 문단을 꼼꼼하게 기록했다. 그들은 이 사본을 실제적으로 완벽하고 정밀하게 보존하여 후대에 물려주는 것에 전적으로 전념하는 특별한 계층의 사람이었다. 플라톤이나 아리스토텔레스, 키케로나 세네카 같은 사람들의 저작에 담긴 글자들과 어휘들과 단어들을 일일이 다 헤아린 사람들이 과연 있을까?

미국의 루터교 신학자 몽고메리(John Warwick Montgomery)는 그의 저서 《역사와 기독교》(History and Christianity)에서 이와 같이 말했다.

진실은 성경을 고대의 다른 저작들과 비교했을 때, 그것이 10개의 고대 저작들이 갖는 사본 증거들을 모두 합친 것보다 더 많은 사본 증거들을 갖고 있다는 것이다. 이 사실은 고대의 어떤 문서도 문헌학적 측면에서 성경보다 더 훌륭한 검증을 받지 못했다는 것을 입증한다.

성경이 어떤 책인지 정확히 알려면 다른 고대 문서들과 마찬가지로 그 신뢰성을 검증해야 한다. 역사가들은 성경의 신뢰성을 조사하기 위해 기존하는 성경 사본들의 숫자와 그 사본들의 연대를 연구했다. 그리고 그 결과, 신약성경의 헬라어 사본이 5,300개 이상이라는 것과 그 사본들의 연대가 AD 40년에서 100년 사이라는 것을 알아냈다. 여기에 라틴어로 된 사본들과 기독교 초기의 번역본들을 포함시키면 신약성경의 사본은 총 2만 4,000가지에 이른다. 이것들은 모두 역사적으로 실재하는 사본들이요, 그리스도인들이 아니라 일반 역사학자들이 그 정통성을 입증한 것들이다.

성경은 믿을 만한 책이다. 그리고 성경은 모든 것들을 변화시킨다.

저명한 고고학자 넬슨 글루크(Nelson Glueck)는 말했다.

지금까지의 어떤 고고학적 발견도 성경의 내용을 반박한 적이 없다고 단정적으로 말할 수 있다.

올브라이트(William F. Albright, 1891-1971. 미국의 고고학자, 성경학자)는
말했다.

고고학이 구약성경에 기록된 전통의 실제적 역사성을 입증했다는
것은 의심할 수 없는 사실이다.

| 사람들이 성경을 믿지 않는 이유 | 대부분의 사람들이 문제로 삼는
것은 성경 사본의 신뢰성이 아니다. 성경은 문헌학적으로 권위를
검증받은 책이다. 그런데도 사람들이 하나님의 말씀인 성경을 믿지
못하는 까닭은 성경에 담긴 내용들이 일반 상식을 초월하는 불가사
의한 측면을 갖고 있고, 아무리 애써도 그런 부분들에 대해 하나님
과 이야기를 나눠볼 수 없기 때문이다.

당신은 성경의 기본적인 줄거리를 읽어나가면서 상식적인 차원
으로 질문하게 된다. 인류 역사상 가장 위대한 책을 저술한 저자들
이 하나님을 거스르는 두려운 죄들과 하나님에 대한 의심을 그 책
에 그대로 적어놓은 이유가 무엇일까? 왜 하나님께서는 그런 것들
이 하나님의 책에 기록되게 허락하신 것일까? 우리가 우리의 책을
쓴다면, 우리에 관해 더 밝고 환한 그림을 그릴 텐데 하나님은 왜 그
렇게 하지 않으신 것일까?

하나님께서는 좋은 것들, 나쁜 것들, 심지어 추한 것들도 다 성경에 계시하신다. 진리를 계시하신다. 하나님의 자비를 드러내시고 진노를 다짐하신다. 이 땅 위를 걸었던 모든 사람들 가운데 가장 위대한 성도들에게 혹독한 시련을 허락하셨던 이유를 설명하신다. 그들이 실로 연약한 사람들이었다는 것을, 실로 두려워하는 사람들이었다는 것을, 정말 어처구니없게도 하나님의 기대에 어긋나는 짓을 하는 사람들이었다는 것을 보여주신다.

하지만 또한 하나님께서는 지독히도 하나님을 미워하는 사람들의 삶 속에서 하나님 자신이 어떻게 역사하시는지 밝혀주시고, 하나님의 은혜를 눈곱만큼도 받을 자격이 없는 사람들에게 어떤 식으로 은혜를 베풀어주시는지 보여주신다. 하나님께서는 그리스도인들을 극악하게 박해하는 사람을 취하여 그리스도인들의 믿음의 삶을 영원히 변화시키는 사도로 만드신다. 사도 바울은 스스로 인정한 그대로 추악한 죄인이었다(딤전 1:15). 그러나 하나님께서는 그에게 손을 내미셨고, 그의 눈을 멀게 하셨고, 그 다음에 그가 '진짜'를 볼 수 있게 하셨다.

| 모든 것을 덮으시는 하나님 | 우리가 성경에 기록된 사건들을 하나하나 읽어가노라면, 하나님께서 우리에게 말씀하신다는 것을 깨달을 수 있다. 우리가 말씀을 읽을 때, 하나님께서 하나님에 관한 사실들과 우리에 관한 사실들을 보여주시기 때문이다. 하나님께서는

자신이 절대적으로 신실하다는 것을 역사를 통해 계속 입증하셨고, 또한 무한한 은혜로 우리의 모든 것들을 다 덮으신다는 것을 계속 반복하여 입증하셨다. 예수님의 십자가 옆에 달렸던 범죄자조차도 자신의 죄를 자백했을 때, 그 영혼을 하나님의 자비 앞에 내놓을 수 있었다. 이 사건이 주는 메시지는, 하나님께 돌아서기에, 하나님을 믿고 의지하기에 늦은 경우는 절대 없다는 것이다. 하나님의 자비는 절대 약해지거나 부족해지지 않는다.

> 여호와의 인자와 긍휼이 무궁하시므로 우리가 진멸되지 아니함이니이다 애 3:22

| 결단의 지점 | 그렇다면 인생길에서 반드시 지나야 할 모든 상황에 정면으로 부닥쳤을 때, 다른 것들을 믿기로 선택하기에 앞서 위험을 감수하는 한이 있더라도 하나님을 믿으리라 결단해야 하지 않을까? 하나님의 말씀을 있는 그대로 받아들이기로 선택해야 하지 않을까? 그러나 많은 사람들이 이 결단의 지점에 이르러도 거기에서 멈출 뿐 더 이상 앞으로 나아가지 못한다. 이유는 바로 교만 때문이다.

어쩌면 당신은 지금 도저히 이겨내지 못할 가혹한 시련과 비극을 겪는다고 생각할지 모른다. 그 가운데서 하나님께서 전혀 상관하지 않는 상황보다 더 최악의 상황은 없을 것이다. 하나님께서 우리를 포기하시고 우리 마음대로 가도록 허락하신다면, 그래서 하나님께

다시 돌아갈 가망도 없을 만큼 멀리 가버린다면, 그것보다 더 비극적인 재난은 없다.

하지만 하나님께서는 우리를 지극히 사랑하시므로 우리의 교만을 눈감아주시고 언제 어디서나 은혜를 제안하신다. 하나님께서는 우리가 교만하기 때문에, 절망적인 처지에 있음을 깨닫지 못하고 있다는 것을 아신다. 사실 우리는, 우리가 지닌 인간성의 세세한 면까지 완전히 부패해 있다.

하지만 그렇게 철저히 망가져 있더라도 고침을 받을 수 있다. 우리를 지극히 사랑하시는 하나님께서 그런 상태로 그대로 내버려두지 않으시기 때문이다. 그러므로 우리는 하나님께 나아갈 때, 다른 모든 것들을 단념할 때 '거룩한 교환'(Divine exchange)을 체험할 수 있다. 거룩한 교환이란, 우리가 이 세상에서 우리의 삶을 하나님께 양도할 때 하나님께서 우리에게 참된 삶을 주신다는 것이다. 정말 쉬워 보이지 않는가? 이것이 어려워 보이는가?

이에 예수께서 제자들에게 이르시되 누구든지 나를 따라오려거든 자기를 부인하고 자기 십자가를 지고 나를 따를 것이니라 누구든지 제 목숨을 구원하고자 하면 잃을 것이요 누구든지 나를 위하여 제 목숨을 잃으면 찾으리라 사람이 만일 온 천하를 얻고도 제 목숨을 잃으면 무엇이 유익하리요 사람이 무엇을 주고 제 목숨과 바꾸겠느냐

마 16:24-26

목숨을 잃는 것, 그것은 생각만 해도 오금이 저리고 울적해질 만큼 두려운 것이다. 그러나 많은 사람들이 매일 그런 행동을 한다. 쾌락을 탐닉하고 절망하고 두려움과 좌절에 빠져 목숨을 잃는다. 어쩌면 당신도 그럴지 모른다. 하지만 그렇다고 해도 아직 희망이 있다. 당신이 살아 있는 한은 예수님의 제자가 될 수 있기 때문이다. 당신이 해야 할 모든 일은 그저 당신의 삶을 그리스도께 맡기는 것이다.

| **교만한 자아 드리기** | 하나님의 사랑에 대해 대부분의 사람들이 크게 오해하고 있는 것이 있다. 하나님께서 우리를 있는 그대로 사랑하신다는 것이다. 이 명제는 참이기도 하고 아니기도 하다. 진실을 말하자면, 하나님께서는 우리를 지극히 사랑하시므로 있는 그대로 내버려두지 못하신다.

만일 우리가 우리 자신을 하나님의 돌보심에 맡기면, 하나님께서는 우리를 원래 있던 곳이나 본래의 상태에 그대로 내버려두지 않으실 것이다. 우리는 말 그대로 자아에 대해 죽어야 한다. 이유가 무엇인가? 우리가 너무나 자주 교만의 지배를 당하기 때문이다.

우리가 하나님보다 더 낫다고 생각하는 경향이 있다. 우리는 자주 하나님의 계획을 혹평하고 하나님의 뜻에 의문을 제기한다. 절망적인 상황을 만나면 의심에 압도되어 하나님을 보좌에서 끌어내린다. 두려움에 압도되어, 하나님은 우리를 구하지 못할 것이라고 섣부르게 단정 짓는다.

알고 있는 것들과 눈에 보이는 것들과 느껴지는 것들에 매달려, 우리가 겪는 힘들고 어려운 상황 가운데 하나님은 안 계신다고 단언한다. 우리는 하나님을 굳게 믿고 의지하는 대신에 그렇게 우리 자신을 믿고 의지한다. 그리고 그것은 우리에게 가장 비극적인 재난이 된다.

그러나 하나님의 사랑은 우리의 죄보다 더 크다. 우리의 교만보다 더 크다. 우리가 교만한 마음으로 악한 죄를 지었더라도 우리가 하나님께 굴복하면, 우리의 삶을 하나님 앞에 내려놓으면, 우리 자신을 하나님의 손에 온전히 맡기면, 하나님께서 역사하기 시작하신다. 하나님의 빛이 우리의 길에 드리웠던 어둠을 느리지만 분명하게 밝히기 시작한다. 하나님께서 손을 내밀어 구원해주시고, 우리의 쇠약함과 낙담을 제거하시고, 우리를 이전보다 더 좋은 자리에 갖다 놓으신다.

우리는 우리 자신의 모든 잘못들을 바로 잡을 힘이 없다. 그러나 하나님께서는 능히 하실 수 있다.

우리는 우리 마음의 욕망을 변화시킬 능력이 없다. 하지만 하나님께서는 능히 할 수 있으시다(겔 36:26).

우리 힘으로는 고통과 시련의 골짜기를 통과하지 못한다. 그러나 하나님의 능력 안에 있으면 능히 지날 수 있다.

교만한 마음은 어떤 방법으로든 우리의 삶을 파괴한다. 그러나 우리의 교만한 마음을 하나님께 넘겨드릴 때, 하나님께서는 그것에 대한 교환으로 정말 많은 것들을 약속해주신다. 하지만 그런데도 우리가 헛된 자아의 노력들을 기꺼이 포기하고 하나님께 달려가려 하지 않는 까닭은 무엇일까? 하나님을 향해 돌아서려 하지도 않고, 하나님을 굳게 믿고 의지하려 하지도 않는 까닭은 무엇일까?

한 가지 이유 때문이다. 그 크신 하나님의 사랑의 깊이를 제대로 알지 못하기 때문이다.

| **하나님을 바로 알자** | 하나님을 굳게 믿고 의지하려면 하나님에 대해 먼저 알아야 할 것이 있다. 그것은 바로, 우리를 향한 하나님의 사랑이 매우 열정적이라는 것이다. 사실 우리를 향한 하나님의 사랑은 우리의 이해와 생각을 초월한다. 그러니 하나님의 사랑을 이해하려 애쓰지 말라. 그냥 받아들여라.

우리를 향한 하나님의 사랑은 넘칠 듯 충만할 뿐만 아니라 순간순간 더 커진다. 그것은 무한한 사랑이요, 넘치는 사랑이다. 하나님의 사랑은 과도하게 넘치는 사랑으로 그 누구도 측량하지 못한다. 그러나 우리는 불행과 고통을 당할 때, 그런 환경에 처하게 된 까닭이 하나님께서 우리를 전혀 사랑하지 않기 때문이라고 해석한다. 우리는 하나님의 사랑이 우리의 고통과 아픔을 없애주지 않았다는 것에 몹시 실망한다. 우리는 질문한다.

"믿음은 고통과 아픔의 날을 대비한 든든한 보험이 되어주어야 하는 것 아닌가?"

"하나님이 나를 사랑하신다면 어째서 이런 고통과 아픔을 허락하신 것일까?"

그러나 하나님께서는 우리가 그런 어려운 질문들을 던질 때, 하나님이 그런 질문들을 교묘히 회피한다고 생각할 때, 하나님의 말씀을 통해 다시 한 번 명백하게 상기시켜주신다.

여호와께서 그의 앞으로 지나시며 선포하시되 여호와라 여호와라 자비롭고 은혜롭고 노하기를 더디하고 인자와 진실이 많은 하나님이라 인자를 천대까지 베풀며 악과 과실과 죄를 용서하리라 출 34:6,7

우리가 이 땅에서 살아가면서 사람들로부터 느끼고 체험하는 사랑은 너무 얕고 피상적이다. 그래서 우리는 하나님과의 사랑의 관계를 제대로 구축하지 못하며, 인생의 혹독한 시련과 시험을 당할 때, 하나님과의 사랑의 관계에서 쉽사리 떨어져 나간다. 하지만 하나님께서는 우리의 방식이 아니라 하나님의 방식으로 우리를 사랑하신다.

악인에게는 많은 슬픔이 있으나 여호와를 신뢰하는 자에게는 인자하심이 두르리로다 시 32:10

하나님이여 주의 인자를 따라 내게 은혜를 베푸시며 주의 많은 긍휼을 따라 내 죄악을 지워주소서 시 51:1

하나님의 사랑에 관한 진리를 깨닫는 것이 승리의 삶을 사는 비결이다. 하나님의 사랑은 모든 것들을 이긴다. 지금 당신이 어떤 상황에 직면해 있든지, 당신의 죄가 아무리 깊고 크더라도 하나님의 사랑은 그 모든 것들을 압도한다. 당신이 하나님을 위해 무엇인가를 했기 때문이 아니라 하나님께서 당신을 위해 무엇인가를 하셨기 때문이다.

그 무엇인가는 전적으로 십자가와 관계되어 있다. 우리가 아직 죄인이었을 적에 하나님께서 사랑과 자비를 부어주셨기 때문이다. 하나님의 사랑은 당신의 힘으로 얻을 수 있는 것이 아니요, 다른 누군가에게 빼앗길 수 있는 것도 아니다. 하나님의 사랑은 그야말로 열정적인 사랑이다. 그 진리를 굳게 붙잡아라. 결코 놓지 말라. 하나님의 사랑이 당신을 자유롭게 할 것이요, 계속 자유로운 상태에 둘 것이다.

사랑은 여기 있으니 우리가 하나님을 사랑한 것이 아니요 하나님이 우리를 사랑하사 우리 죄를 속하기 위하여 화목 제물로 그 아들을 보내셨음이라 … 우리가 사랑함은 그가 먼저 우리를 사랑하셨음이라

요일 4:10,19

하나님을 안다는 것은, 우리가 기뻐하고 아파할 때에도 믿음을 나타내는 것이다. 또한 의심이 들고 시련과 유혹이 있을 때에도 하나님께서 우리를 여전히 사랑하신다는 것을 아는 것이다. 우리는 하나님의 사랑 안에 거해야 한다. 하지만 우리는 하나님이 사랑의 하나님이지만, 또한 거룩하신 하나님이며, 하나님의 거룩하심은 공의를 요한다는 것을 분명히 알아야 한다.

| 결코 중단되지 않는 사랑 | 하나님은 사랑이시다. 그러나 오로지 사랑인 것은 아니다. 착각하면 안 된다. 신약성경에 나타난 하나님의 사랑은 하나님의 거룩하심을 흐릿하게 가리지 않는다. 만일 당신이 하나님께서는 오로지 사랑하실 뿐 미워하지 않으신다고 생각한다면, 하나님께서 우리에게 사랑하라고 명하실 뿐 미워하라고는 명하지 않으실 것이라 생각할 것이다.

하지만 그렇지 않다. 하나님께서는 분명히 이렇게 명하신다.

너희는 악을 미워하고 선을 사랑하며 암 5:15

"하나님은 의로우신 재판장이심이여 매일 분노하시는 하나님이시로다"라고 명백하게 단언하신다. 하나님의 눈을 통해 인생을 본다는 것은, 선을 사랑하고 악을 미워하는 것이다. 우리의 하나님은 사랑의 하나님이시기도 하지만 진노의 하나님이시기도 하다(롬 1:18).

예수님도 마찬가지이다. 우리는 예수님이 사람들을 측은히 여기는 사랑과 용서의 말씀뿐만 아니라 가장 가혹한 책망의 말씀도 하셨다는 것을 잘 알고 있다. 예수님은 성경에 등장하는 그 누구보다 더 많이 지옥에 대해 말씀하셨다. 죄인들을 향한 무한하신 사랑 때문에 엄히 책망하며 회개를 촉구하지 않을 수 없기 때문이다.

하나님께서는 사랑하시는 이들을 단련시키신다. 하나님의 자녀들이라 친히 부르신 이들을 징계하신다. 그러므로 우리는 단지 우리 자신의 죄로 징벌을 받는다는 이유로, 혹은 다른 누군가의 죄로 야기된 고통을 당한다는 이유로 "하나님은 나를 사랑하지 않아!"라고 생각하는 유혹에 빠져서는 안 된다.

하나님께서는 우리가 그런 징벌과 고통을 받는 동안에도 우리를 사랑하신다. 하나님께서는 그 모든 것들을 이용하여 우리를 더 가까이 끌어당기신다.

> 옛적에 여호와께서 나에게 나타나사 내가 영원한 사랑으로 너를 사랑하기에 인자함으로 너를 이끌었다 하였노라 렘 31:3

> 에브라임은 나의 사랑하는 아들 기뻐하는 자식이 아니냐 내가 그를 책망하여 말할 때마다 깊이 생각하노라 그러므로 그를 위하여 내 창자가 들끓으니 내가 반드시 그를 불쌍히 여기리라 여호와의 말씀이니라 렘 31:20

하나님께서는 모자람 없는 완전한 사랑으로 우리의 종아리에 회초리를 대시지만, 또한 그 상처를 싸매주신다. 하나님께서 그 손으로 우리를 치실지라도 또한 치료해주신다. 하나님께서는 우리 삶에 고통을 허락하시지만, 또한 지극하신 사랑으로 보살펴주신다.

미국의 영성 신학자 유진 피터슨(Eugene Peterson)이 하나님의 사랑에 대해 이렇게 말했다.

하나님의 사랑은 결코 중단되지 않는다.

| **마음의 기도하는 집** | 당신을 향한 하나님의 사랑을 아는 지식, 그것은 다른 모든 진리들의 토대가 되는 기본적인 진리이다. 그 사랑을 제대로 이해해야만 비로소 믿음으로 나아갈 수 있고, 또 하나님의 길을 깨달을 수 있기 때문이다.

믿음으로 말미암아 그리스도께서 너희 마음에 계시게 하시옵고 너희가 사랑 가운데서 뿌리가 박히고 터가 굳어져서 능히 모든 성도와 함께 지식에 넘치는 그리스도의 사랑을 알고 그 너비와 길이와 높이와 깊이가 어떠함을 깨달아 하나님의 모든 충만하신 것으로 너희에게 충만하게 하시기를 구하노라 엡 3:17-19

포착했는가? 그리스도께서 당신 마음에 계실 것이다! 당신이 당신을 향한 하나님의 사랑을 온전히 받아들이는 순간 무슨 일인가 일어날 것이다. 그리스도께서 당신의 마음을 집으로 삼으신다. 당신을 위해 일하신다. 그리스도께서 당신 마음을 집으로 삼으실 때, 그 건축 과정이 당신에게는 혼란스럽게 보일 것이다. 그리고 또 고통스러울 것이다.

당신이 하나님을 믿고 의지할 때, 하나님의 사랑을 받아들일 때, 믿음으로 전진할 때 그리스도께서는 당신의 환경을 두루 살피시며 당신을 위해 일하신다. 그럴 때 당신은, 당신을 변화시키기 위한 하나님의 역사를 단순한 혼란과 혼동해서는 안 된다. 하나님께서 당신의 마음을 부술지라도 다시 지으시기 때문이다. 하나님께서는 당신의 인생을 위한 청사진을 갖고 계신다. 그 청사진대로 공사를 하려면 당신의 무엇인가를 부수고 다시 지으셔야 한다. 당신이 하나님을 믿고 의지할 때, 당신은 언제나 '진행 중인 일'이 된다.

루이스(C. S. Lewis)는 자신의 유명한 저서 《순전한 기독교》(Mere Christianity)에서 조지 맥도널드(George MacDonald, 1824-1905. 영국의 목회자, 저술가)의 말을 인용하여 다음과 같이 말했다.

당신을 살아 있는 집이라고 생각해보라. 하나님께서 그 집을 다시 지으려고 오신다. 아마도 처음에는 하나님께서 하시는 일들을 이해할 수 있을 것이다. 하나님께서는 배수로를 정비하시고 지붕 새는 곳을 막으신다. 기타 등등의 일들을 하신다. 당신은 그런 작업들이 필요하다는 것을 알고 있었기에 그다지 놀라지 않는다.

그런데 곧 집을 허물기 시작하신다. 당신을 무척이나 아프게 하는 방식으로, 이해하지 못할 방식으로 집을 허물기 시작하신다. 대체 무슨 일을 하고 계신 것일까? 설명을 하자면, 당신이 생각하고 있던 것과 완전히 다른 집을 짓고 계신다. 하나님께서는 이쪽에 새로운 건물 한 동(棟)을 내신다. 저쪽에 별도의 층(層)을 추가로 마련하신다. 높은 탑을 올리신다. 넓은 안뜰을 만드신다.

당신은 하나님께서 당신을, 당신의 신분에 맞는 작은 오두막으로 만들고 계신 것이라고 생각했다. 그러나 하나님께서는 궁궐을 건축하고 계신다. 그곳에 친히 오시어 그 안에서 살려고 하시기 때문이다.

PART 2

"기다려,
아직 시간이 남았어"

하나님의 침묵은 우리의 믿음을 가장 혹독하게 시험한다. 하지만 하나님께서는 그러한 침묵의 순간에도 우리를 위해 역사하신다. 우리의 믿음을 부서트릴 것처럼 위협함으로 우리 믿음을 세우신다. 하나님의 보류는 거절이 아니며, 하나님의 침묵은 소통의 단절이 아니다.

CHAPTER 4

기다림의 시간은
침묵에 익숙해지는 때이다

하나님께서는 우리를 지키며 졸지도 않으시고 주무시지도 않으신다고 말씀하신다(시 121:4). 그런 이상, 우리는 증거를 보길 원한다.

우리는 시련을 당할 때, 과연 하나님께서 우리를 위해 일하시는지 도무지 확신이 들지 않는다.

정말 하나님께서 우리를 위해 일하신다면, 우리의 문제가 당연히 해결되어야 하지 않을까? 하나님께서 우리를 위해 일하신다면, 우리가 시간을 낭비하는 것처럼 보이는 상황에서 왜 무작정 기다려야 하는 것일까? 분명한 지침을 내려주시기를 갈망할 때마다 하나님께서는 왜 입을 꼭 다물고 침묵하시는 것일까? 우주의 나머지 일들을 처리하느라 너무 바쁘신 탓일까?

대개 우리의 귀에는 하나님의 자동응답기에서 나오는 대답만 들린다.

"전화해주서서 감사합니다. 귀하의 접수번호는 5,879,230,621번으로, 접수한 순서에 따라 응답을 드릴 예정이오니 기다려주시면 감사하겠습니다. 이제 곧 하나님께서 함께해주실 것입니다."

| 응답 보류 상태 | 그렇게 우리는 보류 상태에 놓일 때, 절망감으로 완전히 무력해져서 하나님께서 응답해주실 것이라는 증거를 갖지 못한 채 그저 우리의 믿음에 매달린다. 그리고 예수님의 절규를 따라한다.

> 예수께서 크게 소리 질러 이르시되 엘리 엘리 라마 사박다니 하시니 이는 곧 나의 하나님, 나의 하나님, 어찌하여 나를 버리셨나이까 하는 뜻이라 마 27:46

그러나 하늘은 그저 침묵한다. 예수님은 인류 역사상 문서로 기록된 모든 문장들 가운데 가장 슬픈 단 두 줄의 문장으로 하나님으로부터 버림받았다는 느낌을 나누고 계신다. 예수님은 고뇌의 순간, 우리가 받아야 할 고난을 대신 짊어지신 그 순간, 전능하신 하나님으로부터 처음 분리된 그 순간에 우리의 죄에 대한 징벌을 대신 받으셨다.

그러나 하나님께서는 그 순간에도 분명 일하셨고, 계획을 갖고 계셨다. 하나님의 길은 언제나 인간의 길보다 높았다. 그러므로 하나님을 신뢰하면, 굳게 믿고 의지하면 우리는 결코 낙심하지 않을 것이다.

네가 나를 여호와인 줄을 알리라 나를 바라는 자는 수치를 당하지 아니하리라 사 49:23

| 하나님보다 앞서 가려는 습성 | 아무리 그렇더라도, 우리가 우리 십자가의 무게에 짓눌려 허덕일 때 하나님께서는 예수님이 십자가에 달리셨을 때처럼 침묵하신다. 하나님의 침묵은 우리의 믿음을 가장 혹독하게 시험한다. 하지만 하나님께서는 그러한 침묵의 순간에도 우리를 위해 역사하신다. 우리의 믿음을 부서트릴 것처럼 위협함으로써 우리의 믿음을 세우신다. 하나님의 보류는 거절이 아니며, 하나님의 침묵은 소통의 단절이 아니다.

루이스(C. S. Lewis)는 그가 쓴 책 《헤아려 본 슬픔》(A Grief Observed)에서 하나님의 침묵에 대해 다음과 같이 말했다.

그런데 하나님은 어디에 계실까? 당신이 정말 행복한 나머지 하나님이 필요하다는 것을 느끼지 못할 때, 당신을 향한 하나님의 요구들이 방해로 느껴질 때, 그럴 때 '아차, 이게 아니구나!' 정신을 차리고 감사하고 찬양하면서 하나님을 의지하면, 하나님께서 두 팔을 벌리고 반겨주실 것이다. 혹은 반겨주시는 느낌을 받을 것이다. 그러나 하나님이 절박하게 필요할 때, 다른 모든 도움들이 하나도 소용없을 때 하나님께 나아가보라. 무엇을 발견하게 되는가? 당신의 눈앞에서 문이 '쾅' 닫힌다. 안쪽에서 소리가 들린다. 빗장을 지르는 소리, 이중으로 지르는 소리가 들린다. 그런 뒤에 침묵이 흐른다. 그럴 때 당신은 돌아서는 게 나을지 모른다. 기다리면 기다릴수록 침묵이 더 단호해질 것이기 때문이다.

그 집 창문에 빛이 보이지 않는다. 빈집일지 모른다. 누가 살았던 집일까? 한때는 그랬던 것처럼 보였다. 그리고 과거의 그런 느낌은, 아무도 살고 있지 않은 것처럼 느껴지는 지금의 느낌만큼 강하다.

이것이 무엇을 의미할까? 하나님께서 우리가 번영할 때는 지휘관의 모습으로 그렇게 분명히 나타나시면서 환난을 당할 때는 전혀 돕지 않으시는 까닭이 무엇일까?

우리는 하나님께서 우리의 삶에 매우 강렬하게 나타나주시기를, 그래서 하나님의 살아 계심과 능력을 압도적으로 명백하게 증명해주시기를 바란다. 하지만 하나님께서는 그런 우리의 바람에 부응하지 않으신다. 우리는 하나님께서 귀를 먹먹하게 하는 우레를 발하며 하늘을 가르고 이 땅에 내려오시어, 여기 이 땅에서 우리와 함께 살아가시기를 원한다. 솔직히 말해서, 우리는 여기 이 땅에서 하나님께 정말 작은 도움만을 받기 바란다. 그것이 지나친 바람일까?

우리는 하나님께서 병자들에게 안수하시는 것을 보길, 기적적으로 치유하시는 것을 목격하길 바란다. 또한 하나님께서 태풍의 한가운데로 솟아올라 태풍을 잠잠하게 하시는 것을 보길 원한다. 과거에는 그런 식으로 나타나곤 하지 않으셨는가? 구약성경에서 하나님께서는 극적인 이적과 경이로운 일들을 일으키며 나타나셨다. 그런데 왜 지금은 그렇게 못하시는 것일까?

우리가 그런 질문을 던지면서 하나님보다 앞서나가려고 할 때, 하나님께서 언제나 우리에 대해 우리 자신보다 훨씬 더 잘 알고 계신다는 것을, 우리의 뻔한 습성을 정말 잘 알고 계신다는 것을 깨닫는다.

예수께서 이르시되 너희는 표적과 기사를 보지 못하면 도무지 믿지 아니하리라 요 4:48

그래도 우리는 못 들은 척 질문을 해댄다.

"정말 하나님께서 우리를 위해 역사하고 계신다면, 우리의 삶에서 이적이 일어나지 않는 이유는 무엇입니까?"

우리는 이러한 우리의 질문에 하나님께서 무척이나 난감해하시고, 만족스럽게 답변할 수 없어서 적이 근심하신다고 생각한다. 하지만 하나님께서는 우리의 질문에 대답해주신다. 그리고 그렇게 하기 위해 우리를 성경의 이스라엘 백성들에게로 데려가신다. 우리가 그들과 하나도 다르지 않기 때문이다. 그들은 한 가지 습성을 갖고 있었고, 그것은 우리도 마찬가지이다. 그 한 가지 습성이란 바로 불신앙, 하나님을 향한 신뢰의 결여이다.

사실 우리는 믿음으로 걷기를 원하지 않는다. 대신 이적을 목격하기를 갈망한다. 그러나 하나님께서는, 우리가 이적을 목격한다고 하나님과의 관계를 제대로 형성할 수 있는 것이 아니라는 사실을 잘 알고 계신다. 그 증거는 구약성경과 신약성경에 가득하다. 하나님께서는 우리의 질문에 답변해주신다. 그러나 그것은 우리가 듣기원한 대답은 아니다.

| 하나님을 신뢰하지 못한 결과 | 홍해 앞에 이른 이스라엘 백성들에 대해 생각해보자. 애굽을 빠져나와 약속의 땅으로 향하던 2백만에서 3백만 명에 달하는 이스라엘 백성들은 홍해에 가로막혀 멈춰섰고, 뒤에서는 애굽의 군대가 그들을 맹렬히 추격해오고 있었다. 하나님께서는 그때까지 그들을 위해 이적을 베풀어주셨다. 애굽 땅에 열 가지 재앙을 내리셨고, 그중에 마지막 두 가지 재앙은 특별히 더 가혹했다.

하나님께서는 강력한 권능으로 그들을 노예 상태에서 해방시켜 광야로 데리고 나오셨다. 하지만 그들은 홍해 앞에 이르자 두려움에 압도되어 성난 어투로 하나님께 불평하기 시작했다. 애굽에서

종살이를 하는 것이 차라리 더 나았을 것이라고 하나님을 원망했다. 그러나 하나님께서는 그들의 믿음이 그토록 부족했는데도 홍해를 갈라주셨다. 이처럼 하나님은 신실하시다. 우리가 신실하지 못할 때조차 신실하시다.

하나님은 신실하시기 때문에 그들을 계속 인도하신다. 그러나 그들에게 완벽하고 철저한 무력함의 장소가 될 수밖에 없는 광야로 그들을 데리고 가신다. 하나님께서는 그들 힘으로 어떻게 해볼 수 없는 상황으로 그들을 데려가신다.

그들은 물도 음식도 없는 황폐한 광야에서 그들의 생존을 보장해 줄 만한 무엇을 갖고 있지 않았다. 그들에게는 나침반도 지도도 없었다. 그들은 말 그대로 어디로 가야할지 알지 못했다. 그들이 보기에 좋은 상황은 분명 아니었다. 하지만 하나님께서 낮에는 구름 기둥으로, 밤에는 불기둥으로 그들을 인도하셨고, 하나님께서 멈추시면 그들도 멈추어 휴식을 취했다(출 13:21, 22, 민 9:15-23).

광야의 여정이 지속됨에 따라 음식과 물이 절박해졌다. 이에 그들은 하나님께 불평했고, 하나님께서는 그들의 원성을 들으시고 물과 떡을 공급해주셨다. 하루이틀이 아니라 40년 동안 꾸준히 공급해주셨다(수 5:12). 하나님께서는 바위에서 물을 내어 그들을 먹이셨고, 그것으로는 부족하다는 듯, 그들이 전쟁할 때 원수들의 손에서 초자연적으로 보호해주셨다(출 17장). 이러한 이적들은 그들에게 하나님의 공급하심을 확신시키기에 충분했다.

그러나 실상은 전혀 그렇지가 않았다. 그들이 광야생활에 싫증을 내면서 하나님을 거역하기 시작했다. 하나님께서 놀라운 이적들을 베풀어 필요한 것들을 공급하셨는데 그들은 하나님을 신뢰하지 않았다. 하나님께서 아무리 강력한 권능으로 역사하신다 해도, 우리는 인생길을 걸으면서 하나님이 살아 계시며 우리를 보살피신다는 것을 확신하지 못하는 것 같다.

하나님께서는 분명 그들을 위해 역사하셨다. 하나님께서는 그들에게 정말 하나님이 필요하다는 것을 명확히 깨달을 수 있도록 절망적인 상황으로 데려가셨다. 그들은 하나님께서 그들의 삶에서 이적의 능력으로 역사하시는 것을 목격하는 기회를 가질 수 있었다.

하나님께서는 그들의 믿음이 성장할 수 있도록, 어떤 경우에도 흔들리지 않도록, 그들의 힘으로 아무것도 어찌 할 수 없는 곳으로 데려가셨다. 하나님께서는 그들이 하나님만을 전적으로 믿고 의지하는 백성들이 되기를, 그들의 삶의 모든 국면에 대한 통제권을 하나님께 온전히 넘겨드리는 백성들이 되기를, 그래서 하나님의 사랑과 자비와 은혜를 증언하기를 바라셨다.

하지만 그런 일은 일어나지 않았다. 그들 대부분은 광야에서 죽고 말았다. 그들에게 말씀하신 하나님, 그들의 기도에 응답하신 하나님, 그들의 발걸음 하나하나를 인도하신 하나님, 그들을 위해 계속 이적을 베풀어주신 하나님을 신뢰하지 않았기 때문이다. 이는 우리 모두가 곰곰이 생각해볼 문제이다.

| 모든 이적들을 목격한 후에도 | 하나님께서는 구약의 이러한 사례만으로는 부족하다는 듯, 우리 앞에 신약성경을 내미신다. 하나님께서 직접 이 땅에 오셨다. 모든 이적들 가운데 가장 큰 이적, 곧 영원한 생명을 주시려고 우리의 세상에 오셨다. 하나님께서는 이 땅 위를 걸으시는 동안, 우리에게 하나님의 능력을 깨우쳐주시기 위해 이적을 베푸셨다. 하나님께서는 우리에게 필요한 어떤 것 하나가 아니라 생명을 넘치도록 공급해주셨다.

예수님은 먼저 물로 포도주를 만드셨고, 이후 제자들과 사역을 하면서 많은 이적을 베푸셨다. 병든 사람들을 고치셨고, 귀신들린 사람들을 자유롭게 하셨고, 문둥병 환자들을 깨끗하게 해주셨다. 예수님은 거기에서 멈추지 않으셨다. 아마 그런 이적들은 의심 많은 군중들의 눈에는 그리 대단하게 보이지 않았을 것이다. 그래서 예수님은 제자들을 사나운 풍랑 가운데로 데려가시어 한마디 말씀만으로 바다를 잔잔하게 하셨다.

예수님은 그것만으로는 충분하지 않다는 듯이, 자리에 누워 있는 중풍병자를 고치셨고, 혈루증을 앓아온 여인을 치유하셨고, 죽은 소녀와 나사로를 다시 일으키셨고, 소경이 눈을 뜨게 하셨고, 벙어리가 말하게 하셨고, 떡 다섯 덩이와 생선 두 마리로 5천 명을 먹이셨고 바다 위를 걸어 제자들에게 오셨다.

우리는 성경에 기록된 예수님의 이러한 이적들에 대해 곰곰이 묵상할 때 이렇게 생각할 것이다.

'만일 내가 당시 그곳에 살았다면 분명히 믿었을 거야.'

물론 그럴 것이다. 예수님이 우리 눈앞에서 이적을 베풀고 계신데 어떻게 믿지 않을까? 하지만 복음서 저자들이 시인한 그대로 그들은 의심했다. 모든 이적들을 목격한 뒤에도 의심했다.

예수님은 5,000명을 먹이는 이적을 행하신 뒤에 갈릴리 호수 북동쪽 해변 근처로 가서 무리들을 가르치시고 질병을 고쳐주셨다. 그렇게 사흘이 지났을 때, 무리들은 어려운 상황에 직면하게 되었다. 먹을 것이 없었기 때문이다. 제자들은 허둥대기 시작했다. 그들은 떡 다섯 덩이와 생선 두 마리로 5,000명을 먹이신 이적을 체험했고 심지어 배불리 먹고 남은 음식을 많이 거두었음에도 무척이나 당황했다. 최후의 수단으로 그들은 예수님께 도움을 청했다. 이에 예수님은 다시 4,000명을 먹이시는 이적을 베푸셨다(마 15:29-38).

하지만 제자들은 여정을 계속하면서, 두 차례의 이적을 통해 배불리 먹고 남을 만큼 예수님이 풍성히 베풀어주시는 분임을 망각했다. 우리도 하나님께서 공급해주신 모든 것들을 잊어버리는 경향이 있다. 그래서 그들이 다시 떡을 가져오지 않았다고 허둥대며 수군거리기 시작했을 때, 예수님은 이렇게 말씀하셨다. 우리에게도 동일하게 말씀하신다.

제자들이 서로 논의하여 이르되 우리가 떡을 가져오지 아니하였도다 하거늘 예수께서 아시고 이르시되 믿음이 작은 자들아 어찌 떡이 없으므로 서로 논의하느냐 너희가 아직도 깨닫지 못하느냐 떡 다섯 개로 오천 명을 먹이고 주운 것이 몇 바구니며 떡 일곱 개로 사천 명을 먹이고 주운 것이 몇 광주리였는지를 기억하지 못하느냐 마 16:7-10

| **믿음의 이적** | 예수님께 이러한 꾸지람을 들었을 때, 제자들의 마음이 어땠을까? 분명 쥐구멍으로라도 들어가고 싶은 심정이었을 것이다. 세례 요한도 부끄러움을 느껴 몸둘 바를 모르던 때가 있었다.

세례 요한은 예수님이 베푸시는 이적들이, 메시아가 베푸시는 이적일 것이라 예상했다. 그것은 얼토당토않은 예상이 아니었다. 그가 예수님이 세상에 오시도록 길을 예비했고, 또 예수님께 세례를 베풀었기 때문이다. 하지만 당시 세례 요한은 감옥에 갇혀 쇠약해진 상태였다. 우리는 그런 상황에서 요한의 믿음이 적지 않게 흔들렸을 것이라 이해할 수 있다. 우리도 다양한 방식으로 종종 그러한 상황에 처하기 때문이다. 세례 요한이 감옥에서 예수님이 행하신 일들에 대해 듣고, 자신의 제자들을 예수님께 보내 질문했다.

오실 그이가 당신이오니이까 우리가 다른 이를 기다리오리이까

눅 7:19

우리도 그렇지 않은가? 우리는 인생길 도처에 놓여 있는 구덩이에 빠져 있을 때, 고통의 감옥에 죄수처럼 꼼짝없이 갇혀 있을 때,

하나님이 정말 성경에서 자신이 어떤 분이신지 말씀하신 바로 그 하나님이신지 의아해 한다. 왜냐하면 하나님이 정말 그 하나님이 맞다면, 당연히 우리를 자유롭게 해주실 것이라 예상하기 때문이다. 우리는 하나님이 진짜 하나님이라면, 당연히 우리의 고통과 아픔을 당장에 끝내주실 것이라 예상한다.

예수님은 세례 요한의 질문에 대답하신다. 그리고 그 대답은 우리를 부끄럽게 하면 했지, 결코 위안을 주지 않는다.

> 너희가 가서 보고 들은 것을 요한에게 알리되 맹인이 보며 못 걷는 사람이 걸으며 나병환자가 깨끗함을 받으며 귀먹은 사람이 들으며 죽은 자가 살아나며 가난한 자에게 복음이 전파된다 하라 누구든지 나로 말미암아 실족하지 아니하는 자는 복이 있도다 하시니라 눅 7:22,23

그로부터 얼마 후, 세례 요한은 참수(斬首)를 당했다. 하나님께서는 세례 요한을 위해 아무런 이적도 베풀어주시지 않았다. 그러나 우리는 하나님의 길을 깨닫고 역사를 돌이켜볼 때, 하나님께서 세례 요한을 위해 모든 이적들 가운데 가장 큰 이적을 행하셨다는 것을 알 수 있다.

그 이적이란, 바로 요한의 내면에서 일어난 이적, 인간 자신의 길을 주장하지 않고 하나님의 길을 그대로 받아들이는 믿음의 이적, 단지 하나님께서 우리가 생각하고 예상한 방법대로 역사하지 않으신다고 의심을 품고 다른 길로 가지 않는 믿음의 이적이다.

예수님은 이적을 구하는 우리에게 말씀하신다.

악하고 음란한 세대가 표적을 구하나 요나의 표적 밖에는 보여줄 표적이 없느니라 마 16:4

어찌하여 이 세대가 표적을 구하느냐 내가 진실로 너희에게 이르노니 이 세대에 표적을 주지 아니하리라 막 8:12

| 이적이 할 수 없는 일 | 괴롭지만 명백한 진리가 있다. 이적은 믿음이 하는 일을 똑같이 하지 못한다는 것이다. 우리가 한 걸음에 엄청난 거리를 도약하며 믿음의 길을 전진하는 것이 아니다. 우리는 불이 붙은 떨기나무나 하늘을 가르는 우레 같은 것들을 통해서는 믿음을 얻을 수 없다. 극적인 이적을 체험하더라도 한순간에 쉽게 잊어버리기 때문이다.

우리의 조상들이 애굽에 있을 때 주의 기이한 일들을 깨닫지 못하며 주의 크신 인자를 기억하지 아니하고 바다 곧 홍해에서 거역하였나이다 시 106:7

우리는 인생길에서 말로 다 할 수 없는 고통을 겪을 때, 하나님께서 우리의 상황에 들어와 큰 소리로 명령해주시길 원한다. 기적적으로 구출해주시길, 우리의 필요를 신속히 채워주시길, 우리의 모든 아픔과 고통을 제거해주시길 원한다. 그게 너무 과한 바람일까?

그러나 하나님의 길은 우리의 길보다 훨씬 더 높으므로, 하나님께서는 그런 식으로 역사하지 않으신다. 하나님께서는 우리와 거래를 하지 않으신다. 하나님께서는 우리에게 이적을 베풀어주면, 우리가 그 대가로 평생 하나님을 믿는 믿음으로 살아갈 것이라고 생각하지 않으신다.

| 믿음으로 견뎌낼 때 | 그보다 하나님께서는 우리를 절망적인 상황으로 데려가신다. 그리고 거기에서 인생의 모진 시련과 폭풍, 고통과 아픔을 흔들리지 않는 믿음으로 견뎌낼 때, 그것이 믿음을 낳는다고 깨우쳐주신다. 우리의 심령이 인생의 광야를 지나면서 하나님을 꼭 붙잡을 때, 우리의 성품과 믿음이 더욱 강해진다는 것을, 그리스도 안에서 더욱 강건해진다는 것을, 무엇이든지 기꺼이 감당할 준비를 갖추게 된다는 것을 깨우쳐주신다. 그리고 다정하게 길을 가르쳐주신다.

"이쪽으로 가면 길이 나올 거야."

그때 우리는 하나님을 향해 싱긋 웃으면서 이렇게 말해도 좋을 것이다.

"와우, 감사드려요. '인간과 자연의 대결'(세계 곳곳의 위험한 지역에서 생존해 나가는 모습을 담은 미국 리얼리티 TV쇼)에 꼭 한 번 나오고 싶었거든요!"

하나님께서는 유머감각을 좋아하신다. 당신이 인생의 광야에서 그러한 반응을 보일 때, 유쾌한 유머로 받으신다. 이런 것을 아직 잘 모른다면, 어쩌면 당신은 하나님을 더 알아야 할 필요가 있는 것인지도 모른다.

하나님께서는 '하나님 신뢰하는 법'을 가르치기 위해 우리를 광야로 데려가신다. 때로 우리는 이스라엘 백성들처럼 하나님 신뢰하는 법을 배우지 못하여 거기에서 40년의 세월을 허비한다. 그러나 하나님께서는 우리가 광야에 있을 때, 하나님과 동행하는 데 필요한 모든 것들을 공급해주신다. 우리가 의심하고 있을 때조차도 공급을 약속하시고 신실하심을 보여주신다.

하나님께서 광야의 이스라엘 백성들에게 하루분의 양식만 내려주셨다는 사실은 하나님이 우리에게 '절박하게' 필요한 분이라는 것을 상기시켜준다(출 16:4). 하나님께서는 우리가 하나님께 바라는 것이, 하나님의 손에 들린 무엇이 아니라 하나님 자신이 되기를 원하신다. 우리는 하나님의 이적을 목격하고 체험해도 하나님을 믿고 의지하는 데 이르지 못한다는 것을 역사를 통해 스스로 입증해 보였다. 하나님께서는 우리에 대해 우리 자신보다 더 잘 아신다. 우리의 영적 기억력은 너무나 약하다.

이렇게 많은 표적을 그들 앞에서 행하셨으나 그를 믿지 아니하니

요 12:37

| 이적이 없을 때 꼭 배워야 할 것 | 하나님의 길에는 우리를 광야로 이끌어, 어떤 이적도 일어나지 않는 시기를 지나게 하시는 것, 우리의 믿음을 견고하게 해줄 만한 어떤 징표도 일어나지 않는 시기를 겪게 하는 것도 포함된다. 그럴 때 하나님께서는 우리에게 가르치신다. 믿음으로 움직이는 법, 눈에 보이거나 귀에 들리는 것을 따라서가 아니라 오직 하나님만이 우리가 가진 모든 것이 되는 곳에서 믿음을 따라 움직이는 법을 가르치신다.

그렇게 우리는 우리 인생의 메마른 땅에서 오직 하나님만이 우리에게 필요한 모든 것임을 배운다. 하나님께서는 우리가, 하나님의 음성이 들리지 않고 앞길이 보이지 않더라도 하나님께서 우리를 어딘가로 인도하신다는 것을 확신하길 원하신다. 우리를 위해 길을 내시고, 우리의 삶 가운데 역사하신다는 것을 확신하길 원하신다. 하나님을 믿고 의지해도 괜찮다는 것을 확신하길 원하신다.

그러나 내가 가는 길을 그가 아시나니 그가 나를 단련하신 후에는 내가 순금 같이 되어 나오리라 욥 23:10

하나님께서 광야에 있는 우리에게 언제나 평탄한 길만 내주시는

것은 아니다. 하나님께서는 굽은 길, 이해하기 힘든 길, 고통스러운 길, 눈물로 포장되어 있는 길을 종종 내주신다. 우리가 인생의 광야 길을 걸을 때, 고통의 풀무불이 일곱 배나 더 뜨거워진다고 해도, 그 풀무에 불을 붙이신 이는 하나님이시다. 고통의 풀무불이 아무리 뜨겁다 해도, 그 풀무에 불을 붙이신 이가 하나님이시라도, 우리는 하나님을 믿고 의지해도 괜찮다. 왜냐하면 하나님께서 약속해주신 그대로 그 맹렬한 불이 우리를 살라 없애는 대신 온갖 불순물을 제거하여 순금으로 제련할 것이기 때문이다.

> 네가 물 가운데로 지날 때에 내가 너와 함께할 것이라 강을 건널 때에 물이 너를 침몰하지 못할 것이며 네가 불 가운데로 지날 때에 타지도 아니할 것이요 불꽃이 너를 사르지도 못하리니 사 43:2

| 모든 기적 위의 기적 | 우리의 발걸음을 인도하시는 이가 누구이신가? 전능하신 하나님이시다. 우리가 순금이 되도록 불 가운데 두는 손이 누구의 손인가? 전능하신 하나님의 손이다. 그런데도 우리는 은(銀)을 구한다. 이에 대해 종교개혁자 마르틴 루터(Martin Luther, 1483-1546)는 분명히 단언했다.

우리는 은을 구한다. 그러나 하나님께서는 은 대신 금을 주신다!

하나님께서는 홍해를 가르는 능력을 갖고 계신다. 하늘에서 만나를 내리는 능력, 바위에서 물을 내는 능력, 모든 병을 고치는 능력, 물 위로 걸어와 우리를 놀라게 하는 능력을 갖고 계신다.

하지만 하나님께서는 당신을 위해 그런 것들보다 훨씬 더 기적적인 일을 하고자 하신다. 하나님께서는 당신을, 하나님을 사랑하는 사람으로 만들고자 하신다. 하나님을 아는 사람으로 만들고자 하신다. 하나님께서는 당신이 원하는 것을 주기보다 당신에게 꼭 필요한 것을 주고자 하신다. 하나님께서는 당신이 흔들리지 않는 믿음을 갖기를, 하나님을 굳게 믿고 의지하기를 원하신다. 흔들려서는 안 되는 우리의 믿음이 종종 흔들리기 때문이다.

절망적인 상황에서 하나님을 믿고 의지하는 것에 대해 애니 존슨 플린트(Annie Johnson Flint, 1866-1932. 미국의 시인, 찬송 작사가)는 다음과 같이 노래했다.

당신의 삶의 홍해에 이른 적이 있나요?

할 수 있는 모든 것들을 했지만

탈출구가 보이지 않는 곳, 돌아갈 길이 없는 곳

빠져나갈 다른 길이 없는 곳에 이른 적이 있나요?

그럴 때는 두려움의 밤이 물러갈 때까지

차분하게 하나님을 믿고 의지하면서

기다려야 합니다

하나님께서 당신의 영혼에 "가라!" 명하실 때

바람을 보내어 바다를 벽처럼 쌓으실 것입니다

벽처럼 쌓인 물이 무너져 내리기 전에

어떤 원수라도 닿기 전에

어떤 파도도 건드리기 전에

그 어떤 거센 바다가 덮치기 전에

하나님의 손이 당신을 이끌어 지나게 하실 것입니다

완전히 빠져나가게 하실 것입니다

들까부르는 노을이 물마루를 치며 포효해도

그 물거품이 당신 발치에서 부셔져도

주님께서 만드시는 길을 따라

신발도 젖지 않고서 마른 바다 바닥을 걸어갈 것입니다

그렇게 아침이 되어

주님께서 당신을 바다 가운데로 이끌어

알지 못하는 땅으로 데려가셨을 때

높은 구름 아래로 오직 주님의 얼굴만을 뵈올 것입니다

당신의 원수들이 지나간 것처럼 두려움도 지나가

더 이상 아무것도 두려워하지 않을 것입니다

당신은 더 좋은 곳

주님의 손이 만든 곳에서

찬양의 노래를 부를 것입니다

그렇다. 지금 비록 당신이 어려운 환경에 압도되어 있더라도, 한 발자국 뗄 힘조차 없어도, 하나님께서는 당신을 데리고 가실 길을 펼치신다. 당신 자신의 힘으로는 그 길로 걷지 못할 것이다. 하나님께서 당신의 인도자와 힘이 되어주실 것이다. 하나님께서는 당신을 광야로 데려가 괴로운 길을 걷게 하실 때, 기적적인 것 이상의 무엇인가를, 당신의 믿음을 견고한 반석 위에 영원히 세워줄 무엇인가를 보여주시려 하신다. 그러나 흥분하며 들뜨기 전에 알아야 할 필요가 있다. 그 길이 깨어짐과 부서짐의 길이라는 사실을 말이다.

내 영이 내 속에서 상할 때에도 주께서 내 길을 아셨나이다 시 142:3

| 깨어짐과 부서짐의 길 | 이 땅에서 살아가는 한 지나지 않을 수 없는 고통과 역경의 어두운 골짜기는, 하나님의 마음이 우리의 마음을 변화시키는 수단이다.

그러므로 보라 내가 그를 타일러 거친 들로 데리고 가서 말로 위로하고 거기서 비로소 그의 포도원을 그에게 주고 아골 골짜기로 소망의 문을 삼아주리니 호 2:14,15

때로 우리는 우리 자신의 잘못된 행동으로 이 길에 들어선다. 그러나 대부분은 우리 자신의 잘못된 행동과 무관하게 그 길에 들어서게 된다.

최고의 영성 작가로 꼽히는 필립 얀시(Philip Yancey)는 그의 저서 《내가 고통 당할 때 하나님은 어디 계십니까》(Where is God When it Hurts?)에서 우리가 이 세상에서 고통을 당하는 이유를 충분히 설명한다.

우리가 이 땅에서 받는 많은 고통은 하나님께서 창조에 넣어두신 두 가지 법칙 때문에 발생한다. 물리적인 세상은 일관된 자연법칙과 인간의 자유를 따라 움직인다.

고통의 이유가 무엇이든 하나님께서 우리와 함께 계신다. 그리고 성경은 인생의 시련이 아무리 가혹하더라도 그것을 기쁨으로 여기라고 권고한다.

내 형제들아 너희가 여러 가지 시험을 당하거든 온전히 기쁘게 여기라 약 1:2

하나님께서는 우리가 겪는 시련이 그리 어려운 게 아니라는 듯, 이 야고보서 말씀을 성경에 기록하셔서 안 그래도 버거운 짐을 지고 허덕이는 우리에게 한층 더 무거운 짐을 더하신다. 그러나 하나님께서는 자신이 무엇에 대해 말씀하는지 잘 아신다. 그리고 인생의 혹독한 시련의 시기, 우리를 깨트리고 부서트리는 그 길이 믿음의 과정이라는 것을, 불순물이 섞인 금을 순금으로 제련하는 과정이라는 것을, 진행 중에 있는 하나님의 일이라는 것을 우리가 깨닫길 바라신다.

CHAPTER 5

기다림의 시간은
깨지고 부서지는 때이다

우리가 포도를 밟아 포도주를 만들고 밀을 빻아 빵을 만드는 것처럼, 하나님께서 우리의 삶을 철저하게 변화시키기 위해 우리를 깨트리고 부서트리신다. 하나님께서는 그리스도와 우리 자신을 위해, 우리의 연약함과 능욕, 가난, 핍박, 괴로움을 통하여 역사하신다. 우리가 심히 약해질 때, 하나님께서 강해지기 때문이다.

그러므로 내가 그리스도를 위하여 약한 것들과 능욕과 궁핍과 박해와 곤고를 기뻐하노니 이는 내가 약한 그 때에 강함이라 고후 12:10

약할 때에 강해지다니, 어떻게 그럴 수 있을까? 우리가 우리 자신을 구원하기 위해 더 이상 우리 자신을 의지하지 않기 때문이다. 우리를 구원할 수 있는 유일한 분, 하나님을 의지하기 때문이다.

| 나의 곤고를 기뻐하노니 | 하나님께서 그냥 아무나 택하여 그와 같은 말을 성경에 쓰게 하신 것이 아니다. 하나님께서는 바울을 택하셨다. 바울이 누구인가? 그는 그리스도를 섬기는 사람들을 핍박했던 사람이요, 그리스도인들을 박해하러 다메섹으로 가던 도중에 회심한 사람이요, 이후 복음을 위해 일생을 바친 사람이요, 모진 매를 맞고 감옥에 갇히고 파선을 경험한 사람이다.

그가 이 말씀을 기록한 때는 그 모든 일들을 겪은 뒤였다. 그때 그가 엄청난 이적의 한가운데 있거나 산 정상에 이른 때가 아니었다. 바울은 깨어지고 부서지지 않았을 때보다 깨어지고 부서졌을 때, 하나님을 더 많이 발견했다. 물론 우리도 그렇게 될 것이다. 바울은 우리가 종종 잊어버리는 바로 그것을 배웠다.

우리의 현재 고난은 짧은 것이지만, 더 큰 계획의 중요한 일부이다. 장차 그것은 매우 귀한 것이 될 것이다.

| 하나님의 선하심 | 바울은 하나님의 선하심을 믿고 의지했다. 우리도 그래야 한다. 하지만 모든 것들을 아시는 하나님께서는 이것이 완벽하게 타당한 말이 되겠지만, 인생의 어두운 골짜기를 힘겹게 건

는 우리에게는 전혀 이치에 맞지 않는 말이 된다. "하나님의 길은 우리의 길보다 더 높다"(사 55:8,9)라는 성경의 진리가 우리의 가혹한 현실에는 적용되지 않는 것처럼 보인다. 그러나 '우리의 행복'이라는 단기적 관점이 아니라 '하나님의 영광'이라는 장기적 관점에서 우리의 삶을 바라본다면, 하나님께서 우리를 위해 행하신 바로 그것을 향해, 즉 그리스도를 닮도록 변화되는 것을 향해 한 걸음 내딛을 수 있을 것이다. 하나님께서는 우리가 그리스도를 더욱더 닮은 사람이 되도록 만들기 위해 사랑으로 역사하신다.

> 너희 안에서 착한 일을 시작하신 이가 그리스도 예수의 날까지 이루실 줄을 우리는 확신하노라 빌 1:6

만일 우리가 하나님 앞에서 우리 자신을 겸손하게 낮추지 않으면, 하나님께서 우리를 위해 그리하실 것이다. 하나님께서는 그렇게 하실 만큼 우리를 사랑하신다. 하나님께서 무릎을 꿇리실 때, 우리는 우리의 삶이 우리에게 관계된 것이 아니라 무엇보다 하나님의 뜻과 계획, 하나님의 영광에 관계된 것임을 깨닫는다.

하나님께서 고통을 제거해주시지 않는 한, 우리는 고통으로부터 벗어나기 위해 애쓸 필요가 없다. 하나님께서 소망을 앗아가시지 않는 한, 우리는 절망할 이유가 없다. 우리는 하나님께서 우리 삶에 무엇을 허락하시든지, 완벽하게 선한 목적으로 허락하시는 것임을 믿고 의지해야 한다. 그렇지만 그것이 말처럼 쉽지는 않다.

루이스(C. S. Lewis)는 이렇게 말했다.

물론 우리는 하나님께서 우리를 위해 가장 좋은 것을 해주시리라 믿어 의심하지 않는다. 그러나 그 가장 좋은 것이 혹시 매우 아픈 것은 아닐까 의아해한다.

| **고통으로 변장한 은혜** | 우리는 십자가를 앞에 놓고 고뇌하던 겟세마네의 예수님처럼 어쩌면, 다른 길이 있을지 모른다고 생각한다. 우리를 깨트리고 부서트리는 이 길이 우리에게 꼭 필요한 모든 것은 아닐지도 모른다고 생각한다. 그러나 하나님께서는 우리를 위한 가장 좋은 것이 따로 있다고 생각하시는 것 같다. 우리가 하나님의 길에 대해 아무리 의문을 제기해도 하나님은 결코 변하지 않으시기에 우리가 그 여정에 적응하는 편이 더 낫다(말 3:6). 물론 때로는 하나님께서 그 길을 피해 우리를 데려가기도 하시지만, 그렇게 하실 때보다는 그렇게 하지 않으실 때가 더 많다. 하지만 하나님께서는 우리의 손을 꼭 잡아주시고, 보호해주시고, 공급해주시고, 우리가 너무 힘들어서 걷지 못할 때에는 업고 가신다.

시인이자 찬송가 작사가인 프랜시스 하버갈(Francis Ridley Havergal, 1836-1879)은 말했다.

또 다른 한 발을 뗄 수 없을 것 같은 생각이 들어도 걱정하지 말라. 하나님께서 힘을 주셔서 걸을 수 있게 해주시거나 아니면 멈추라고 명하실 것이며, 그렇게 발걸음을 멈추라고 명하시면 발걸음을 떼지 않아도 되기 때문이다.

하나님께서 때로 우리를 고통에서 건져주실 수도 있다. 그러나 그렇게 하시는 경우보다는 고통을 견딜 힘을 북돋아주시는 경우가 더 많다. 우리를 깨트리고 부서트리는 하나님의 길은 어떻게 보더라도 하나님의 은혜와 자비로 보이지는 않지만, 우리를 회개와 겸손으로 이끌고 하나님을 믿고 의지하는 곳으로 데려간다. 우리 삶의 고통은 고통으로 변장한 하나님의 은혜이다. 하나님께서 우리의 마음을 깨트리시고 부서트리실 때, 하나님의 완벽한 마음을 받아들이라고 손짓하신다.

| 고통의 목적 | 우리를 시련의 골짜기로 데려가 산산이 부서트리고 깨트리는 하나님의 길은 우리의 교만, 즉 하나님으로부터 독립하여 무엇이든 자의적으로 행하려는 우리 내면의 욕구를 처리하기 위한 하나님의 방법이다. 우리가 믿음 안에서 아무리 성숙했다 해도, 하나님의 뜻이 아니라 우리의 뜻대로 행하려는 유혹을 피할 수는 없기 때문이다. 우리가 하나님의 길이 아니라 우리의 길을 택하는 경우에 우리는 하나님과의 관계를 스스로 방해하게 된다. 하나님의

뜻이 우리의 삶에서 이루어지는 것을 지연시키게 된다. 그리고 그런 경우 우리는 광야에서 죽을 수 있다는 가능성에 머물러 있게 된다. 루이스(C. S. Lewis)는 그의 책 《고통의 문제》(The Problem of Pain)에서 말했다.

모든 것들이 만족스러워 보이는 한, 인간의 영은 아집을 포기하기 위해 애쓰기 시작하는 것조차 하지 못할 것이다.

우리는 잘못 생각하고 있다. 우리는 우리의 마음이 얼마나 교만한지를 경고해주는 고통에 대해 하나님께 감사드려야 한다. 우리에게 기쁨을 알 수 있는 능력을 주는 것은 고통이다. 고통은 당신에게 불리하도록 작용하는 것이 아니다. 우리는 고통과 아픔을 피하려고 애쓰면 안 된다. 대신 하나님께서 그것들을 우리의 삶에 허락하신 목적이 무엇인지 깨달아야 한다. 고통의 목적이 우리의 시선을 하나님께 돌리기 위함이고, 우리에게 하나님이 필요하다는 것을 받아들이도록 요구하기 위함이라는 것을 깨달아야 한다. 이것이 바로 우리 삶의 고통의 의미이며 목적이다.

이는 우리로 자기를 의지하지 말고 오직 죽은 자를 다시 살리시는 하나님만 의지하게 하심이라 고후 1:9

우리의 고통에 목적이 있다는 말은, 깨닫기도 어렵거니와 믿기는 더 어려운 말이다. 하지만 우리 삶의 고통에는 하나님의 분명한 목적이 있다. 깨어짐과 부서짐의 이 길, 하나님께서 우리 안에서 행하고 계신 이 일은 믿음을 얻기 위한 대가, 또 어떤 상황에서든지 하나님을 믿고 의지하는 법을 배우기 위한 수업료치고는 너무 비싸 보일지 모른다. 그러나 그렇게 보인다면 그것은 우리가 그러한 믿음의 가치를 지나치게 과소평가하는 경향이 있기 때문이다.

리처드 백스터(Richard Baxter, 1615-1691. 영국의 청교도 목회자, 저술가)는 고통이 하는 일에 대해 간결하게 말했다.

고통은 마음 문의 빗장을 힘차게 열어 하나님의 말씀이 훨씬 더 수월하게 들어올 수 있게 한다.

고통은 하나님의 손에 들린 연장이다. 하나님께서는 우리를, 우리의 힘으로는 어떻게 할 수 없는 상황으로 데려가 하나님의 품에 안기도록 고통을 사용하신다. 하나님의 품에 안기는 것, 그것이야말로 어떤 대가라도 치를 만한 가치가 있는 일 아닐까? 하지만 우리 믿음은 하나님께서 우리의 고통을 사용하신다는 사실을 좀처럼 받아들이지 못한다. 그 사실에 흔쾌히 동의하는 데 적지 않은 시간이 걸린다. 하나님께서 우리를 고통의 길로 데려가시는 까닭이 그것 때문이다. 우리가 그 길을 따라 걷는 동안 많은 것들을 가르치고 깨우쳐주고자 하시기 때문이다.

| **진짜 금은 불을 두려워하지 않는다** | 우리는 믿는다. 우리가 믿을 때, 여정(旅程)을 지속할 수 있다. 그 과정은 정말 뜨거울 수 있다. 하지만 그 과정의 시련이 아무리 뜨겁고 혹독할지라도 진짜 금은 불을 두려워하지 않을 것이다.

하나님께서는 지금 우리가 죽음의 그림자가 드리워진 어두운 골짜기를 마침내 통과하면, 하나님을 절대적으로 믿고 의지하게 되리라는 것을 잘 아신다. 이 어둠의 골짜기를 다 지났을 때, 우리의 남은 생애 동안 줄곧 동행해주시리라 절대적으로 확신하게 될 것이며, 하나님의 신실하심을 체험하게 될 것이다. 또한 무슨 일을 당해도 좀처럼 두려워하지 않을 것이다.

어둠의 골짜기는 그리스도의 인내와 같은 인내, 즉 우리를 본향(本鄕)으로 이끌어줄 인내를 낳는다. 하나님께서는 우리의 고통을 절대적으로 유용하게 사용하신다. 우리의 고통에는 하나님의 분명한 목적이 있다.

야고보 기자는 하나님께서 우리의 고통을 통하여 하시는 일 몇 가지를 밝혀준다. 그는 우리에게 기쁨을 주기 위해 하나님의 길을 밝혀준다. 야고보서 1장 2절은 그 자체로 끝나지 않는다. 야고보 기자는 그 다음에서 우리 인생의 모든 골짜기에 있는 하나님의 뜻이 무엇인지 밝히고 있다. 또 하나님께서 우리의 고통을 통하여 일하신다는 것, 선한 일을 하신다는 것을 보여준다.

> 내 형제들아 너희가 여러 가지 시험을 당하거든 온전히 기쁘게 여기라 이는 너희 믿음의 시련이 인내를 만들어 내는 줄 너희가 앎이라 인내를 온전히 이루라 이는 너희로 온전하고 구비하여 조금도 부족함이 없게 하려 함이라 약 1:2-4

하나님께서는 우리가 조금도 부족함이 없게 되기를, 무엇이든 감당할 준비가 되기를 원하신다(약 1:4). 우리는 이 땅에서 무엇이든지 감당할 준비를 할 필요가 있다. 두말할 나위 없이 맞는 말이다.

미국의 영성 강사이자 신학교수인 랜디 알콘(Randy Alcorn)은 《악의 문제 바로 알기》(If God is Good)라는 자신의 저서에서 말했다.

> 고통을 감당할 수 있도록 준비시켜주지 않는 믿음은 버려 마땅한 거짓 믿음이다. 고통은 온다. 우리는 그것을 감당할 준비를 하기 위해 그 원인을 하나님께, 우리 자신에게, 우리 주변 사람들에게 돌린다.

| 피할 수 없는 믿음의 시험 | 우리 믿음이 진정한 믿음이 되려면 반드시 시험을 받아야 한다. 이 시험의 잔을 피할 다른 길은 없다. 무엇이든지 강해지려면 저항을 받아야 한다. 모든 것이 형통할 때, 하

하나님을 신뢰하기는 어렵지 않다. 그러나 재정적으로 파산했을 때, 몸이 제대로 말을 듣지 않는 나이에 생업 전선에 다시 뛰어들어야 할 때, 배우자가 어느 날 갑자기 작별을 고하고 떠났을 때, 자녀의 병이 급작스레 악화될 때, 맹렬한 의심이 마음의 문을 쾅쾅 두드릴 때, 그러나 그것을 몰아낼 만한 힘이 없을 때, "내 영혼 평안해!"라고 찬양하기는 결코 쉽지 않다.

사는 게 힘들어질 때 우리 믿음은 수직으로 추락하고, 마치 중요한 시험에 떨어진 것 같은 좌절감에 압도된다. 그럴 때 우리는, 자신의 믿음의 점수가 하나님의 기준에는 미달할지 몰라도, 다른 사람들의 점수에 비하면 낙제할 만큼 형편없지는 않다는 점을 감안해 즉각 합격처리를 해주시기를 소망한다. 그래서 우리의 삶의 고통과 시련을 즉각 제거해주시기를 바란다. 그러나 하나님께서는 그렇게 하지 않으시고 고통 가운데 있는 우리를 은혜로 안아주신다.

앨리스 그레이(Alice Gray, 미국의 영성 작가, 편집자)는 그의 저서 《하나님의 도시》(The City of God)에서 말했다.

나는 '그리스도의 은혜'에 대해 전혀 알지 못하는 건강한 사람이 되느니 차라리 그리스도를 아는 나병환자가 되겠다.

시인이며 극작가인 패트릭 오버튼(Patrick Overton)은 말했다.

인생의 절망적인 상황에 처할 때, 우리의 믿음은 신령한 소망과 냉혹한 현실 사이에서 갈등한다. 그리고 우리는 깊은 어둠 속에서 한 가지 진리를 깨닫는다. 그 진리란, 믿음이 우리가 붙잡는 모든 것이 될 때 비로소 믿음이 될 수 있다는 것이다.

| **인내와 결단을 낳는 믿음의 시험** | 믿음의 시험은 그 자체로 귀한 가치를 지니고 있다. 먼저 야고보서 말씀은 믿음의 시련이 인내를 낳는다고 말한다.

> 너희 믿음의 시련이 인내를 만들어내는 줄 너희가 앎이라 인내를 온전히 이루라 약 1:3,4

물론 우리는 오래 참고 견디는 것을 바라지 않는다. 우리는 믿음의 여정이 장거리 마라톤이 아니라 단거리 전력질주가 되기를 바란다. 삶의 고통이 우리의 진액을 짜낼 때, 우리는 인내를 이루는 것에 관심을 가져야 하지만 미처 깨닫지 못하고 하나님께 반항한다. 하지만 우리가 그렇게 반항할지라도, 하나님께서는 우리의 모든 시련의 기간과 강도를 결정하셔서 사랑으로, 주권적으로 지켜주신다. 이에 대해 욥기를 잘 읽어보길 바란다.

우리가 인생의 고통스러운 골짜기를 인내로 걸어갈 자신이 없다고 생각할지라도, 하나님께서는 우리의 한계를 잘 아시기 때문에 그 이상의 것을 요구하지 않으신다. 이 사실을 깨달아 하나님을 굳게 믿고 의지하면 한 걸음 한 걸음을 뗄 힘을 얻을 수 있다. 하나님께서 우리의 삶에 시련과 고통을 허락하시는 목적은, 하나님의 선하심을 확실히 신뢰하는 태도를 갖고 불굴의 인내로 시련과 고통을 견디게 하기 위함이다.

하나님께서는 우리를 믿음의 장소로 데려가기를 원하신다. 우리를 향한 하나님의 뜻이 무엇이든지, 그것이 어떤 대가를 요구하든지, 오로지 하나님의 뜻을 이루기 위해 살겠다고 단호히 결단하는 곳으로 데려가길 바라신다.

윌리엄 로(William Law, 1686-1761. 영국의 청교도 사상가)는 이러한 결단에 대해 다음과 같이 말했다.

가장 위대한 성도는 가장 많이 기도하는 사람도 아니고, 가장 많이 금식하는 사람도 아니다. 가장 많이 구제하는 사람도 아니고, 절제와 박애, 정의감이 가장 빼어난 사람도 아니다. 가장 위대한 성도는 언제나 하나님께 감사드리는 사람, 하나님께서 하고자 하시는 모든 것들을 하는 사람, 삶의 모든 것들을 하나님의 선하심의 표본으로 받아들이는 사람, 그 모든 것들에 대하여 언제나 기꺼이 하나님을 찬양하는 마음을 가진 사람이다.

| 온전함을 낳는 믿음의 시험 | 고통 당할 때의 믿음은 이렇게 인내와 결단을 낳는다. 그러나 그것이 전적으로 인내와 결단만 낳는 것은 아니다. 하나님께서 우리의 믿음에 시련을 허락하시는 또 다른 까닭은, 우리가 장기적 관점에서 '온전하게' 되리라는 것, 혹은 어떤 성경 번역본들의 표현대로 '완벽하고 완전하게' 되리라는 것을 잘 알고 계시기 때문이다. 우리 삶의 모든 것들을 하나님께 내어 맡기는 것, 하나님을 우리 삶의 실제적인 '주인'으로 영접하는 것은 단지 세례를 받고 일회적으로 믿음을 고백하는 것 그 이상이다. 사실 세례를 받고 믿음을 고백하는 것은 단지 시작일 뿐이다. 하나님께서 우리에게 바라시는 것은, 믿음 안에서 성숙하는 것, 하나님의 아들의 모습을 완벽하게 닮는 것이다.

우리는 삶의 고통을 당할 때, "하나님, 어찌 제게 이런 시련을 주시는 것입니까? 왜 하필이면 저입니까?"라고 울부짖을 때, 믿음의 시험을 치를 때, 그 어느 때보다 더 가까이 그리스도께 가게 된다. 우리의 믿음은 하나님을 굳게 믿고 의지하는 법을 배우는 학습으로 장기적인 과정이다.

하나님께서는 우리 마음의 불순물들을 걸러내시기 위해 우리를 맹렬한 불 가운데 집어넣으신다. 하나님께서 우리를 위해 준비하신 가장 좋은 것들을 받지 못하게 방해하는 우리 내면의 모든 장애들을 오직 하나님의 도움을 구하여 극복하도록 하기 위해서다.

믿음의 삶에 대해 증언하는 엄청난 무리들이 우리를 둘러싸고 있으니 우리의 발걸음을 더디게 하는 모든 무거운 것들을 벗어던지기로 합시다. 특별히 걸핏하면 비틀거리게 하는 죄를 벗어던지기로 합시다. 그리고 하나님께서 우리 앞에 제시하신 경주를 인내로 하기로 합시다. 히 12:1 NLT역 역자 직역

우리는 삶의 모든 영역에서 그리스도의 모습을 나타낼 수 있을 때까지는 '진행 중에 있는 일'일 수밖에 없다. 그러므로 우리는 하나님께서 우리를 위해 준비하신 이 고통의 골짜기에 실제로 발을 들일 때, 우리가 희망하는 것보다 조금 더 오래 그곳에 머물게 될 수도 있다는 것을 깨닫는다.

| 태도 교정 | 우리가 조금도 부족함이 없게 되려면, 혹은 무엇이든 감당할 준비가 되려면 하나님께서 우리 안에서 많은 일들을 행하셔야 한다. 이를 인정하지 않는 사람은 없을 것이다.

하나님께서는 다른 어떤 방법이 아니라 우리 삶에 고통을 허락하시는 방법으로 우리를 조금도 부족함이 없게 만들기 위한 일을 행하신다. 하나님께서 우리 삶에 고통을 허락하시는 모든 목적들 가운데 가장 놀라운 것은, 매일의 시련 하나하나를 통해 올바른 태도를 발전시키신다는 것이다. 하나님께서는 우리 삶에 고통을 허락하심으로 우리의 태도를 교정할 필요가 있다고 생각하신다.

그러한 하나님의 생각은 분명 옳다. 채권자가 우리 집에 담보권을 행사할 때 우리는 만족하지 못한다. 병원에서 암 진단을 받을 때, 기쁨으로 여기지 못한다. 사실 그런 환경에는 분노하고 분개의 반응이 더 어울리는 것처럼 보인다. 그러나 하나님께서는 그런 환경에서도 우리를 위해 역사하시며, 그런 고통 가운데서 하나님을 올바른 태도로 신뢰해야 한다고 가르치신다.

여러 계시를 받은 것이 지극히 크므로 너무 자만하지 않게 하시려고 내 육체에 가시 곧 사탄의 사자를 주셨으니 이는 나를 쳐서 너무 자만하지 않게 하려 하심이라 이것이 내게서 떠나가게 하기 위하여 내가 세 번 주께 간구하였더니 나에게 이르시기를 내 은혜가 네게 족하도다 이는 내 능력이 약한 데서 온전하여짐이라 하신지라 그러므로 도리어 크게 기뻐함으로 나의 여러 약한 것들에 대하여 자랑하리니 이는 그리스도의 능력이 내게 머물게 하려 함이라 그러므로 내가 그리스도를 위하여 약한 것들과 능욕과 궁핍과 박해와 곤고를 기뻐하노니 이는 내가 약한 그 때에 강함이라 고후 12:7-10

우리에게 있는 육체의 가시가 무엇이든 기뻐해야 한다. 하지만 사실 이 가시에 대한 우리의 느낌과 생각은 기쁨과는 거리가 멀다. 그래서 우리는 하나님께서 우리의 믿음의 이러한 부분에 역사하실 때, 이런 생각을 하게 된다.

"하나님이 일을 너무 크게 벌여 내가 감당하지 못할 수준을 요구하고 계신 것 같아."

"하나님은 불가능한 것들을 내게 요구하고 계셔."

그러나 다시 말하지만, 하나님께서 우리에게 우리 힘으로 무엇을 하라고 요구하신 것이 아니다. 하나님께서는 그저 하나님의 은혜를 의지하기 원하신다. 모든 것들을 가능하게 하는 하나님의 은혜를 의지하라고 요구하신다.

| 고통과 아픔의 이로운 점 | 필립 얀시(Philip Yancey)는 그의 저서 《내가 고통 당할 때 하나님은 어디 계십니까?》(Where is God When it Hurts?)에서 말했다.

고통과 아픔은 의존의 가치를 가르치는 도구가 될 수 있다. 그리고 우리는 의존을 배우지 못하면 결코 은혜를 체험할 수 없다.

그는 우리 삶의 아픔과 고통의 목적을 탐사하다가 고통과 아픔의 이점(利點)을 우연히 깨닫게 되었다. 그것은 여러 가지 면에서 놀라운 깨달음이었다. 사람들은 고통과 아픔을 이로운 것으로 간주하지 않는다. 그러나 그가 후원하던 수녀 모니카 헬위그(Monika Hellwig)는 우리 삶의 고통과 아픔의 이점들을 다음과 같이 정리했다.

1. 모든 인간을 대등하게 만드는 평형장치인 고통은, '건짐'이 절박하게 필요한 곳으로 우리를 데려간다.

2. 고통을 당하는 사람들은 자신들이 하나님과 건강한 사람들에게 의존하고 있을 뿐 아니라 서로 의존하고 있음을 깨닫는다.

3. 고통을 당하는 사람들은 종종 향유할 수 없고 곧 빼앗길지도 모를 어떤 것 하나가 아니라 사람들에게서 안도감을 얻는다.

4. 고통을 당하는 사람들은 자신들의 중요성에 대한 지나치게 과장된 의식도, 자신들의 사생활에 대한 지나치게 과장된 주장도 갖고 있지 않다. 고통은 교만한 사람들을 겸손하게 낮춘다.

5. 고통을 당하는 사람들은 경쟁에서 아무것도 기대하지 않는다. 대신 협동에서 많은 것을 기대한다.

6. 고통은 꼭 필요한 것들과 사치스러운 것들을 분별하게 한다.

7. 고통은 인내를 가르친다. 의존을 인정하는 데서 기인하는 일종의 끈질긴 인내를 종종 가르친다.

8. 고통은 타당한 두려움과 과장된 두려움의 차이를 가르친다.

9. 고통을 당하는 사람들에게는 복음이 사나운 위협이나 호된 꾸지람이 아니라 좋은 소식으로 들린다. 고통을 당하는 사람들은 복음에서 소망과 위안을 얻는다.

10. 고통을 당하는 사람들은 잃을 것이 없고 또 무엇이든지 감당할 준비가 되어 있기 때문에 자신들의 모든 것들을 확실하게 포기하고 단순하고 완전하게 복음의 요청에 반응할 수 있다.

| 가장 유익한 것 | 필립 얀시는 빼어난 영적 삶의 특질들도 열거한다. 하나님께 의존, 겸손, 단순함, 협동 등이 그것이다. 하나님께서는 우리에게 그러한 특질들을 배양해주기 위해 고통과 아픔을 사용하신다. 하나님께서는 오직 하나님을 굳게 믿고 의지하는 곳으로, 전적으로 의지하는 곳으로 우리를 데려가신다. 하나님을 굳게 믿고 의지하는 것, 이 땅을 살아가고 있는 우리에게 그보다 더 유익한 것은 없다.

우리가 하나님을 믿고 의지하면, 하나님께서 상상하지 못할 방법으로 우리의 믿음을 키워주실 것이다(엡 3:20). 진정 하나님께는 어려운 것이 하나도 없다.

대저 하나님의 모든 말씀은 능하지 못하심이 없느니라 눅 1:37

우리가 불가능한 것에 직면할 때, 하나님께서는 우리의 고통과 아픔을 통해 우리 안에서 역사하신다. 그리고 그 과정에서 하나님께서 이루시는 것들은 금보다 훨씬 더 귀하다(벧전 1:7).

기독교 작가 랜디 알콘은 《악의 문제 바로 알기》(If God is Good)에서 말했다.

하나님께서는 우리 삶에서 죄를 씻어내기 위해
하나님께 전념하는 태도를 강화하기 위해

하나님의 은혜를 의지하도록 하기 위해

우리를 다른 신자들과 결속시키기 위해

우리의 마음에 분별력과 영적 감수성을 배양하기 위해

우리의 생각을 훈련하기 위해

우리에게 지혜를 주기 위해

우리의 소망의 범위를 한껏 늘이기 위해

그리스도를 더 잘 알게 하기 위해

진리를 갈망하도록 하기 위해

죄를 회개하도록 이끌기 위해

슬플 때 감사하는 것을 가르치기 위해

우리의 믿음을 더하기 위해

우리의 성품을 강화하기 위해

고통을 사용하신다

우리의 삶에 고통을 허락하시는 하나님의 목적은, 우리가 무엇을 바라거나 무엇을 상상하든지 그 이상이다(엡 3:20). 하나님께서는 우리가 하나님을 매우 친밀하게 알게 되기를 바라신다. 우리의 믿음이 그저 기적적인 징표나 경이로운 사건을 요망하는 수준 이상으로 나아가길 바라신다. 우리가 진정으로 하나님을 믿고 의지하는 법을 배우길, 하나님께서 침묵하실 때조차 하나님을 신뢰하는 법을 배우길 원하신다.

하나님을 뵙는 그날까지 이 땅에서 아무것도 두려워하지 않고 살아갈 수 있도록 우리에게 특별히 큰 믿음을 주길 원하신다. 인생길을 걸어가는 동안에 우리의 발걸음을 지탱해줄 특별히 큰 분량의 믿음을 주길 원하신다. 우리가 하나님께 가까이 다가가기를, 그래서 하나님도 우리에게 가까이 다가올 수 있길 원하신다. 우리가 하나님과 동행하기를, 하나님과 함께 역경의 골짜기를 지나가길 바라신다.

| 하나님과 동행하기 | 하나님께서 다윗에서 바울에 이르기까지 믿음의 위인들의 삶을 통해 우리에게 주시는 메시지는 명백하다. 우리가 부족한 것이 없기를 바라신다. 처음 아담과 하와는 에덴동산에서 모든 것들을 풍족히 가졌다. 하지만 그들은 하나님께서 주셨던 풍부함이 충분하지 않다고 여겨 죄를 범했다. 우리가 에덴동산에 있었다면 다르게 행동했을 것이라 생각하겠지만, 우리라고 별반 다르지 않을 것이다. 인간은 하나님의 길이 아니라 우리 자신의 길로 걸으려 하기 때문이다.

우리는 아담과 하와가 죄를 지은 뒤에 하나님을 피해 숨었다는 성경의 기록으로 미루어, 그들이 하나님과 동행하고 있었다는 것을 알 수 있다. 사실 우리는 매일 하나님을 피해 숨는 경향이 있다. 우리는 하나님의 의견을 한쪽으로 제쳐놓는 것을 주요 의제로 삼고 있는 것 같다.

솔직히 말해서 우리는 하나님이 때로 우리를 귀찮게 따라다니며 거추장스럽게 한다고 생각한다. 하나님의 길이 최선이 아니라고 확신한다. 우리의 생각에, 하나님은 여기 이 땅에서는 문제를 바로잡을 능력이 없어 보이므로 그냥 하늘에서나 문제를 처리하는 데 전념해야 한다고 생각한다.

우리는 때로 이런 착각을 일으킨다. 우리의 이력서를 준비한 다음 하나님도 자신의 이력서를 준비하여 우리에게 보여주기를 기다린다. 그리고 질문한다.

"우리 인생의 문제들을 처리하는 데 누가 더 적격인가?"

그러나 우리가 이토록 교만하고 오만해도 하나님께서는 여전히 우리를 사랑해주신다. 우리는 믿음의 삶이란, 우리에게 무엇인가를 주시는 하나님을 믿고 의지하는 것에 관계된 것이라고 생각한다. 그러나 하나님께서 정말 우리에게 주기 원하시는 것은 '무엇인가'가 아니라 '하나님 자신'이라는 것을 깨닫는 순간, '하나님 자신'이야말로 우리에게 '모든 것'이라는 진리를 깨닫는 순간 그 심각한 착각에서 깨어난다.

우리 인생의 어두운 골짜기들은 하나님의 초대장이다. 하나님과 동행하라는 초대, 하나님을 인격적으로 알라는 초대이다. 하나님에 대하여 아는 것 너머에 있는 믿음의 삶으로 우리를 초대하고 계신다.

로버트 벤슨(Robert Benson. 미국의 영성 강사, 저자)은 자신이 쓴 책

《중단 없는 기도》(In Constant Prayer)에서 믿음의 삶에 대하여 다음과 같이 말했다.

믿음의 삶은 우리가 이해하는 것들에 관계된 것이 아니다. 그것은 우리가 믿는 것들에 관계된 것이다. 믿음의 삶은, 우리가 하나님에 대하여 알 수 있는 것들보다는 우리를 하나님께 더 가까이 데려가는 것들에 더 관계되어 있다.

| 고통을 통해서만 배울 수 있는 것 | 당신은 인생의 다양한 영역에서 좋은 것과 나쁜 것을 구별하는 능력을 갖고 있을 것이다. 그렇지만 하나님께서 당신이 특정한 방식으로 살아가기를 원하시는 이유가 무엇인지 알고 있는가? 하나님의 동기(動機)가 무엇인지 알고 있는가? 하나님께서 어떤 식으로 역사하시는지, 그리고 왜 그런 식으로 역사하시는지 알고 있는가? 우리는 역경의 어두운 골짜기에 있을 때, 하나님을 알고자 하는 배고픔과 목마름이 단순한 희망사항 그 이상이 되는 곳, 절박한 필요가 되는 곳에 이르게 된다.

하나님이여 사슴이 시냇물을 찾기에 갈급함 같이 내 영혼이 주를 찾기에 갈급하니이다 내 영혼이 하나님 곧 살아 계시는 하나님을 갈망하나니 내가 어느 때에 나아가서 하나님의 얼굴을 뵈올까 시 42:1,2

하나님께서 우리를 시련과 역경의 골짜기로 데려가 하나님과 동행하게 하시는 까닭은, 하나님에 대해 배울 수 있게 하기 위함이요, 우리의 믿음을 변모시키기 위함이다. 하나님께서는 당신이 고통과 시련을 당하지 않게 해주실 수 있다. 그런데도 그렇게 하지 않으시는 까닭은, 그것이 하나님의 뜻도 아니고 길도 아니고 당신의 인생을 향한 계획도 아니기 때문이다. 하나님께서는 당신에게 매우 중요한 것들을 가르치고자 하신다. 그리고 그것들은 슬픔과 고통을 통해서만 배울 수 있는 것들이다. 미국의 흑인인권운동 지도자 마틴 루터 킹(Martin Luther King, 1929-1968) 목사는, "믿음의 삶이란 고통의 십자가를 기꺼이 지는 것"이라고 말했다.

우리는 믿음이 우리를 현세의 삶의 아픔과 고뇌로부터 지켜줄 것이라 생각한다. 잘못된 생각이다. 인생은 완벽하게 순수한 위로와 고요한 안락이 아니다. 기독교는 언제나 우리가 면류관을 쓰는 일보다 십자가를 지는 일이 선행되어야 한다고 주장해왔다. 그리스도인이 되려면 십자가를 지는 것이 아무리 어려워도, 그것이 고뇌와 긴장으로 가득하다 해도 기꺼이 십자가를 짊어져야 하며, 그것이 우리에게 흔적을 남길 때까지, 그리고 우리를 회복시켜 오직 고통을 통해서만 도달할 수 있는 더 빼어난 길로 데려갈 때까지 기꺼이 짊어지고 나아가야 한다.

| **거룩한 교환** | 하나님께서는 우리를 구하고 회복시키기 위해 고통을 사용하신다. 하나님께서는 우리를 향한 하나님의 사랑의 엄청난 깊이를 우리가 제대로 알고 체험할 수 있도록, 하나님의 말씀을 통하여 하나님의 길을 보여주신다. 그렇게 하도록 하나님의 마음을 움직이는 것은 바로 모든 것에 족한 하나님의 은혜이다. 만일 우리가 지금 하나님과 동행하고 있다면, 우리는 가장 큰 지식과 사랑과 평화와 기쁨과 소망의 원천을 우리 안에 갖고 있는 것이다.

그것보다 더 귀한 것이 있을까? 금이라고 더 귀할까? 특히 우리가 현세의 삶을 위해 하나님께 구하고 있는 것들이 그보다 더 귀할까? 하나님을 믿고 의지하면, 하나님께서 장차 우리를 위해 거룩한 교환을 이루실 것이다. 우리의 십자가를 가져가시고 대신 면류관을 선사해줄 것이다. 그리고 우리는 그 면류관을 예수님 발치에 내려놓는 기쁨을 맛볼 것이다(계 4:10).

> 시험을 참는 자는 복이 있나니 이는 시련을 견디어 낸 자가 주께서 자기를 사랑하는 자들에게 약속하신 생명의 면류관을 얻을 것이기 때문이라 약 1:12

하나님께서 우리와 인격적으로 친밀한 관계를 맺기 원하신다는 것을 이해하기는 쉽지 않다. 그러나 하나님께서는 시간이 시작된 이래 지금까지 계속 그런 관계를 맺자고 청하신다. 하나님께서는 우리를 하나님께 더 가까이 끌어당기기 위해 우리에게 사랑의 편지를 보내신다.

> 하나님을 가까이하라 그리하면 너희를 가까이하시리라 죄인들아 손을 깨끗이 하라 두 마음을 품은 자들아 마음을 성결하게 하라 약 4:8

하나님께서 어떤 방법으로 역사하시는지 배우지 않으면 하나님의 뜻을 이해할 수 없고, 하나님의 뜻대로 걸을 수도 없다. 하나님께서는 우리가 기도하는 가운데 계속 하나님께 나아갈 때, 기록된 말씀과 개인적인 계시를 통하여 자신의 길을 우리에게 밝히신다. 성경의 성도들은 시련과 난관을 통하여 하나님의 길을 배웠다. 하나님께서는 우리에게도 시련과 난관을 통해 하나님의 길을 가르치실 것이다. 만약에 고통이 단지 우리에게 아픔을 경고해준다면, 고통은 온전한 목적을 제대로 수행하지 못할 것이다. 고통은 우리를 아프게 한다. 그래야만 우리를 변화시킬 수 있다.

하나님께서는 우리가 하나님을 사모하되 단지 하나님께서 주시는 것들을 원해서가 아니라 하나님 자신을 원하기 때문에 하나님을 사모하는 곳으로 데려가신다. 하나님께서는 우리의 마음의 깊은 곳들과 이기적인 욕구들을 속속들이 들여다보시고, 우리의 마음이 하나님의 마음처럼 될 준비를 갖출 때까지 우리를 맹렬한 풀무 가운데 두신다. 하나님께서는 우리 마음이 다음과 같은 외침으로 하나님의 마음을 울리기를, 그런 소리가 들려오기를 기다리신다.

> 여호와여 주의 도를 내게 보이시고 주의 길을 내게 가르치소서 주의
> 진리로 나를 지도하시고 교훈하소서 주는 내 구원의 하나님이시니
> 내가 종일 주를 기다리나이다 시 25:4,5

| 더 믿고 더 의지하라 | 우리는 기도를 통해 겸손한 마음으로 하나님을 찾을 때, 하나님이 진정 우주 만물을 주권적으로 통치하는 분이시며, 하나님의 길이 완전하며, 하나님의 계획이 언제나 최선이라는 것을 발견할 것이다. 어쩌면 우리는 하나님께서 우리의 환경을 특정한 방향으로 움직이시는 까닭을 이해하지 못할 수도 있다. 하지만 하나님께서는 우리 눈에 불확실하게 보이는 모든 것들을 통해, 하나님의 마음이 우리를 향한 사랑으로 가득 차 있다는 확신을 주실 것이다.

하나님께서 진리를 통해 우리를 이끄시고 안내하시도록 순종하면, 우리는 어떤 두려움도 없이 인생을 마주할 수 있다. 그러나 하나님을 알려면 하나님께 전념해야 하며, 하나님을 사랑해야 한다. 우리가 하나님께 더욱더 전념하면, 하나님께서도 우리에게 더욱더 전념하신다. 우리가 하나님을 더욱더 믿고 의지하면, 하나님께서도 우리를 위해 더욱더 많은 것들을 행하신다.

내 백성아 내 말을 들으라 이스라엘아 내 도를 따르라 그리하면 내가
속히 그들의 원수를 누르고 내 손을 돌려 그들의 대적들을 치리니

시 81:13,14

하나님의 입에서 나온 이 말씀은 이스라엘 백성들에게 주신 말씀
이요, 또한 우리에게 주신 말씀이다. 하나님께서는 우리의 믿음을
크게 확장시키라고, 하나님과 함께 한 발짝만 더 나가라고, 하나님
을 굳게 믿고 의지하라고 이 말씀을 통해 촉구하신다. 만일 그렇게
하기만 하면, 하나님께서 당신이 상상할 수 있는 이상의 일들을 당
신을 위해 해주실 것이요, 당신은 그 사실을 분명히 목격하고 체험
할 것이다. 하나님께서는 우리가 하나님의 길로 걷기를 갈망하신
다. 하나님께서 우리를 위해 계획해놓으신 모든 것들을 그저 어렴
풋하게라도 알 수 있다면, 가장 좋은 것들이 바로 앞에 놓여 있는 것
이 보일 것이다.

그러므로 너희가 이제 여러 가지 시험으로 말미암아 잠깐 근심하게
되지 않을 수 없으나 오히려 크게 기뻐하는도다 벧전 1:6

하나님께서는 우리를 위한 가장 좋은 것들이 무엇인지 잘 아신
다. 오직 하나님만이 미래가 가진 것들을 아신다. 우리는 여러 번
축복의 문에 당도하지만, 우리의 길, 우리의 욕구, 우리의 권리를 원

해서 엉뚱한 문으로 들어간다. 우리는 잘못된 길을 택한다. 그런 일이 일어나면, 하나님께서 우리를 위해 준비해놓으신 가장 좋은 것들을 놓치게 된다.

| 믿는 것이 곧 보는 것 | 우리는 곰곰이 생각한 뒤에 단언한다.

"하나님을 이해할 수 있을 때, 하나님이 나를 위해 강력하게 역사하시는 것이 보이면 그때 가서 하나님을 신뢰할 거야!"

그러나 그런 생각으로는 하나님을 신뢰하는 데 이르지 못한다. 하나님을 굳게 믿고 의지하는 데 이를 수 없다. 믿는 것이 곧 보는 것이기 때문이다.

> 예수께서 이르시되 너는 나를 본 고로 믿느냐 보지 못하고 믿는 자들은 복되도다 하시니라 요 20:29

우리는 인생의 역경과 시련이 엄습할 때, 하나님께 더 가까이 나아간다. 그러나 하나님과 친밀한 관계를 쌓는 데 요구되는 믿음이 흔들리는 것을 깨닫는다. 때로 하나님께서 산을 움직여주지 않으시기 때문이다. 때로는 하나님과 하나님의 약속을 굳게 믿고 의지하다가 오히려 의심이 생기기 때문이다. 그리고 그렇게 시간이 흘러도 아무 일도 일어나지 않기 때문이다.

그럴 때 필립 얀시가 말한 "내가 고통 당할 때 하나님은 어디 계십니까?" 하는 우리의 외침은 더 깊은 절망의 탄원이 된다.

"나를 아프게 하는 것들이 도통 그칠 생각을 하지 않는 이때에 하나님은 어디 계십니까?"

그러나 그런 애원이 터져 나와도, 그런 우리의 격한 감정이 하나님의 길과 선하심을 바라보는 우리의 시각을 지배하지 못하도록 단호히 결심해야 한다. 우리는 우리 자신과 하나님 사이에 무엇이 끼어드는 것을 단호히 거부해야 한다. 현재의 고통스러운 환경을 믿음의 눈으로 보아야 한다. 우리 믿음은 확고해야 하며, 우리 영혼은 견고해야 한다. 우리는 언제나 하나님께서 우리에게 주신 약속들을 통하여 우리의 삶을 보아야 한다. 만일 당신이 지금 하나님께서 당신을 위해 펼쳐주시리라 다짐하신 약속을 인내로 기다리고 있다면, 절대 포기하지 말라.

하나님을 굳게 믿고 의지하려면 하나님을 알아야 한다. 하나님을 알아가는 것에 전념해야 한다. 그래서 인생의 시련이 닥치기 전에 감당할 준비를 해야 한다. 우리는 노아가 방주를 건축할 때, 비가 내리지 않았다는 사실을 잊어서는 안 된다. 그는 햇볕 쨍쨍한 청명한 시절에 하나님의 말씀을 굳게 믿고 방주(方舟)를 만들었다. 아무 일도 일어나지 않았지만 그는 계속 순종했다. 그는 방주를 짓는 자신의 행위에 타당성을 부여해줄 만한 자연현상이 전혀 일어나지 않았을 때도 계속 하나님께 순종했다. 그는 하나님께 "하늘이 이렇게 맑기만 한데, 왜 방주를 지어야 하는 것입니까?"라고 질문하지 않았다. 그는 그저 믿었다. 그는 홍수가 일어날 정확한 날짜를 알려달라고 하나님께 요구하지도 않았다. 그는 하나님의 길에 대해 하나님께 따지지 않았다. 그는 그저 하나님께서 말씀하신 대로 행했다.

그는 날마다 하나님을 찾았다. 그리고 무엇보다 낙심하지 않았다. 그는 하나님의 계획이 펼쳐지기를 기다리면서 하늘을 주시했고, 믿었고, 인내했다. 그에게는 큰 믿음이 있었다. 하나님과 동행했기 때문이다. 그는 하나님과 동행했기에 하나님을 굳게 믿고 의지했고, 세세한 모든 것들을 다스리시는 하나님께 모든 것들을 다 맡겼다. 우리도 큰 믿음을 원한다면 산을 움직이는 큰 믿음을 원한다면, 하나님과 동행해야 한다.

| 한 번에 한 걸음씩 | 우리가 하나님께 가까이 나아가 일상의 삶을 하나님과 동행하기 시작하더라도 하나님께서 우리의 여정에 대해 바로 다음에 내디딜 한 걸음 이상의 많은 것들을 좀처럼 보여주지 않으신다는 것을 깨닫는다. 하나님께서 그렇게 하시는 까닭은, 지도 전체를 다 보여주면 우리가 하나님보다 앞서 가려는 유혹을 받을 수 있기 때문이다. 하나님께서는 우리를 한 번에 한 걸음씩 인도해 우리를 위한 하나님의 계획을 이루기를 바라신다.

우리는 우리의 앞길에 무엇이 놓여 있는지 예측하지 못한다. 그러나 하나님께서 다 아신다는 것을 믿고 의지할 수 있다. 오직 하나님만이 인간의 마음을 변화시키는 능력, 거인들을 쓰러트리는 능

력, 그 여정에 필요한 모든 것들을 공급하는 능력을 갖고 계신다. 하나님께서 우리의 앞길에 놓여 있는 것들을 다 보여주지 않고 한 번에 한 걸음씩 인도하실지라도 우리가 하나님을 굳게 믿고 의지할 때, 그것이 우리를 이생에서 내세로 데려가는 믿음의 가교(架橋)를 건설한다.

> 내가 지혜로운 길을 네게 가르쳤으며 정직한 길로 너를 인도하였은즉 다닐 때에 네 걸음이 곤고하지 아니하겠고 달려갈 때에 실족하지 아니하리라 잠 4:11,12

| 저절로 열리는 문 | 오래 전 시골길에는 '저절로 열리는 대문'이 있었다. 시골길을 지나는 통행자들은 도로 맞은편에 커다란 대문을 발견한다. 그런데 그 대문에 당도하기 전에 멈추면, 그 대문은 열리지 않는다. 하지만 그 대문을 향해 돌진하면, 마차의 바퀴가 도로 아래 설치된 스프링을 눌러 대문이 스르르 열리기 때문에 대문을 통과할 수 있다.

우리도 믿음의 길에서 그런 식으로 나아가야 한다. 하나님께서 우리 앞에서 걷고 계신다는 것을 믿고 의지해야 한다. 우리가 걷는 이 믿음의 길이, 하나님께서 잘 알고 계신 길이라는 것을 확신해야 한다. 그 길 곳곳에 놓여 있는 장애물에 시선을 빼앗겨서는 안 된다. 강을 만나면 마르게 해주실 것이요, 산을 만나면 옮겨주실 것이

라 확신해야 한다. 그리고 설령 그렇게 하지 않으실지라도, 더 좋은 길을 아신다고 확신해야 한다.

어쩌면 하나님께서 우리의 삶을 향한 하나님의 계획과 목적의 이면에 있는 세세한 내용들을 전혀 알려주지 않을지도 모른다. 사실대로 말하면, 그런 것들은 기대하지 않는 편이 더 낫다. 하지만 전심전력으로 하나님을 찾고, 하나님과 동행하고, 순종하면, 다음 발걸음을 내딛는 데 필요한 모든 것들을 밝혀주실 것이다. 우리가 언제나 하나님의 뜻을 알 수 있는 것은 아니다. 그렇다고 하나님의 뜻을 깨우쳐달라고 기도하면 안 되는 것도 아니다. 우리의 눈에 무엇이 보이든, 하나님께서는 분명 우리를 위해 역사하신다.

하나님께서 하실 수 있는 일에는 한계가 없다. 우리가 현재의 고단한 상황의 무게를 측정할 때마다 우리는 하나님의 신실하심을 반드시 고려해야 한다. 오직 하나님만이 이 시련의 지속 기간을 정하신다. 감당 못할 시험을 허락하지 않으시며, 시험을 주시면 감당할 능력도 주신다. 우리는 하나님의 약속을 통해 이것을 분명히 확신할 수 있다(고전 10:13).

이에 대해 찰스 스탠리(Charles Stanley. 미국의 침례교 목회자, 저자)는 간결하게 말했다.

하나님께서는 하나님의 목적을 이루는 데 필요한 시간보다 더 오래 지속되는 역경을 결코 허락하지 않으신다.

| 하나님의 사랑과 능력을 추측하지 말라 | 하나님께서는 우리가 무엇을 의심하고 두려워하는지 낱낱이 아신다. 믿음의 길에서 때로 비틀거리는 까닭이 무엇인지, 때로 의심에 압도되는 이유는 무엇인지, 순종하기를 주저하는 이유가 무엇인지 잘 아신다. 그렇지만 하나님께서는 이런 것들 때문에 마음을 바꾸거나 역사하는 방식을 바꾸지 않으신다. 하나님께서는 우리를 향한 하나님의 사랑이 무한한 사랑이며, 무조건적인 사랑이며, 오래 참는 사랑이라는 것을 기록된 하나님 말씀을 통해 깨우쳐주신다.

우리가 이 땅에서 고통과 아픔을 당할 때, 하나님께서도 우리와 함께 고통과 아픔을 당하신다. 결코 끝나지 않을 것처럼 보이는 어두운 골짜기를 지나가야 할 때, 하나님께서 앞서가시며 그 어둠에 하나님의 빛을 비추신다. 하나님의 사랑과 능력의 크기를 경솔히 추산하지 말라. 섣불리 산정하지 말라. 하나님을 제한하려 하지 말라. 이런 일은 해주시고 저런 일은 해주지 않으실 것이라고 멋대로 추측하지 말라. 그런 것들이야말로 믿음의 길에 깊이 파인 구멍이다.

하나님과 동행할 때의 유익은 거기에 따르는 위험부담을 훨씬 능가한다. 당신이 모든 것들을 아시는 하나님, 모든 것들을 행하실 능력을 갖고 계신 하나님, 누구보다 더 지혜로우신 하나님과 함께 걷고 있기 때문이다. 하나님 모르게 일어나는 일은 아무것도 없다. 하나님께서 하지 못하시는 일은 아무것도 없다. 하나님보다 더 지혜로운 이는 아무도 없다. 그리고 무엇보다 당신을 향한 하나님의 사랑은 무한하다. 당신을 향한 하나님의 사랑은 그 무엇에도 제약을 받지 않는다. 당신이 하나님의 사랑 안에 있을 때, 죽음의 그림자가 드리운 골짜기는 실체 없는 그림자가 된다.

| 모르더라도 언제나 신뢰 | 하나님께서 언제나 당신과 함께하신다. 하나님을 굳게 믿고 의지하면, 당신의 발걸음을 인도하시도록 겸손히 순복하면 당신을 어딘가로 데려가실 것이다. 편히 누워 쉴 수 있는 푸른 초장이 드넓게 펼쳐진 곳으로, 잔잔한 물가로 데려가 당신의 영혼에 새 힘을 주실 것이다. 그리고 그곳으로 향하여 가는 내내 당신을 위로하실 것이다. 하나님께서는 당신을 의(儀)의 길로 인도하실 것이요, 그 길은 바로 어두운 골짜기를 지나는 길이다. 당신은 지금 어디로 가고 있는지 모르겠지만 하나님은 아신다. 당신이 하나님의 뜻을 언제나 알 수 있는 것은 아니지만, 그렇더라도 하나님의 뜻을 언제나 굳게 믿고 의지해도 괜찮다.

토머스 머튼(Thomas Merton, 1915-1968. 프랑스 출신의 영성 작가)은 자신의 책 《고독 중의 묵상》(Thoughts in Solitude)에서, 하나님의 뜻을 잘 몰라도 굳게 믿고 의지하는 자신의 믿음을 다음과 같은 말로 고백했다.

나의 주 하나님, 제가 지금 어디로 가고 있는지 알지 못합니다. 제 앞에 놓여 있는 길도 보이지 않습니다. 그 길이 어디서 끝날지도

확실히 알지 못합니다. 또한 저는 저 자신도 정확히 알지 못합니다. 저는 하나님의 뜻을 따르고 있다고 생각하지만, 그 사실이 곧 실제로 하나님의 뜻을 행하고 있다는 것을 의미하는 것도 아닐 것입니다.

하지만 하나님을 기쁘게 해드리고자 하는 제 마음의 소망이 실제로 하나님을 기쁘게 한다는 것을 믿습니다. 그런 소망으로 모든 일들을 하게 되기를 바랍니다. 하나님을 기쁘게 해드리고자 하는 소망을 떠나서는 그 어떤 것도 하지 않게 되기를 원합니다. 그리고 제가 그렇게 하면, 하나님께서 저를 옳은 길로 인도하시리라는 것을, 제가 그 길에 대해 전혀 알지 못한다 해도 그 길로 인도하시리라는 것을 잘 알고 있습니다.

그러므로 길을 잃은 것처럼 보일지라도, 죽음의 그림자 가운데 있는 것처럼 보일지라도 언제나 하나님을 굳게 믿고 의지할 것입니다. 하나님께서 언제나 저와 함께 계시기에, 위험한 것들에 홀로 맞서게 내버려두지 않으실 것이기에 아무것도 두려워하지 않을 것입니다.

CHAPTER_6

기다림의 시간은
필사적으로 기도할 때이다

우리가 원했던 일들은 일어나지 않았다. 일어난 일들은 원했던 것들이 아니었다. 결국 남은 것은 절망뿐이다. 우리의 믿음은 우리를 여기까지 데려왔다. 하지만 이제 막다른 골목에 이른 것 같다. 모든 희망이 사라진 것처럼 보인다. 우리는 하나님께서 우리와 함께하신다는 것을 확신했다. 그러나 지금은 절대적으로, 완벽하게 혼자라는 느낌뿐이다. 우리는 믿지만 의심한다. 하나님께서 분명한 목적으로 우리를 이끄신다는 것을 실제로 믿지만, 하나님의 계획이 나아가는 방향으로 나란히 나아가지 않는다.

우리는 지금까지 하나님과 함께 상당한 시간 동안 이 어둠의 골짜기를 걸어왔다. 그러나 푸른 초장은 보이지 않는다. 한때 우리에게 평화를 선사해주었던 잔잔한 시내는 당장이라도 덮칠 기세로 사납게 흐른다. 두려움이 압도하기 시작한다. 우리는 믿음의 발걸음을 뗐다. 그러나 정연하게 정돈되어 있지 않은 우리 인생을 바라볼 때, 하나님께서 모든 것들을 다스리신다는 것을 믿기가 정말 어려워진다.

| 아무것도 나아지지 않았다 | 우리가 인생의 모든 것들을 통제하는 게 아니라는 사실이 너무나 명백해 보인다. 무력감이 압도하여 정말 아무것도 할 수 없게 만든다. 우리는 우리가 인생의 모든 것들을 통제하고 있는 게 아니라는 사실을 정확히 깨닫지만, 그렇다고 하나님께서 다스리신다는 것을 분명히 확신하는 것도 아니다.

우리는 하나님께 몇 가지 예리한 질문을 던지기 위해 주변을 둘러보지만, 하나님은 그 어디에도 보이지 않는다. 우리에게 주신 약속을 잊으신 것일까? 지금 우리에게 무슨 일이 일어나고 있는지 알지 못하시는 것일까?

우리는 하나님께서 우리의 곤고한 상황에 개입하지 않으시는 이 사태에 대해 하나님의 해명을 꼭 들어야겠다고 생각한다. 우리는 믿음으로 기다렸지만 아무것도 변하지 않았다. 아무것도 더 나아지지 않았다. "때가 이르면 나아지겠지" 하는 우리의 기대는 "영원히 나아지지 않을 거야" 라는 절망이 된 것 같다. 더 이상 희망을 품을 근거가 없는 것처럼 보인다.

아브라함이 바랄 수 없는 중에 바라고 믿었으니…믿음이 약하여지지 아니하고 믿음이 없어 하나님의 약속을 의심하지 않고 믿음으로 견고하여져서 하나님께 영광을 돌리며 약속하신 그것을 또한 능히 이루실 줄을 확신하였으니 그러므로 그것이 그에게 의로 여겨졌느니라

롬 4:18-22

인생의 재난이 폭풍처럼 밀어닥칠 때, 역경의 강풍으로 인해 서 있기조차 어려워질 때, 우리는 붙잡을 만한 것을 찾는다. 이전에 우리는 배가 바다에서 길을 잃게 되는 것을 막기 위해 소망의 닻을 사용할 수 있었다. 그러나 지금은 그 닻마저도 물에 둥둥 떠다니고 있고, 오히려 그 닻이 우리를 깊은 절망의 바다 속으로 밀어 넣고 있는 것처럼 느껴진다.

우리가 이 소망을 가지고 있는 것은 영혼의 닻 같아서 튼튼하고 견고하여 히 6:19

| **절망의 정거장** | 우리는 모든 것들이 합력하여 선을 이루도록 하나님께서 역사하신다는 것을 굳게 믿고 의지했지만, 상황은 더욱 악화되었다. 우리는 분명 하나님과 동행하고 있었지만, 어느 순간 하나님께서 그 길에서 이탈하고 말았다. 그 결과, 우리에게 남은 것은 절망뿐이다. 그렇지만 기억하라! 하나님께서 언제나 역사하신다는

것을 기억하라. 모든 것들, 심지어 우리의 그런 절망감조차도 사용하신다는 것을 기억하라.

우리는 하나님과 동행하는 길에서 도달하게 되는 이 절망적인 장소가 믿음의 길에 있는 정거장이라는 것을, 하나님께서 우리의 주의를 끌기 위해 그런 장소를 사용하신다는 것을 깨달아야 한다. 우리는 하나님께서 소기의 목적을 달성하셨다는 것을 마지못해 동의하겠지만 말이다. 하나님과 동행하는 길에서 부닥치는 그 절망적인 상황은 하나님께서 허락하신 것이다. 지독한 절망감은, 우리에게 하나님의 도움이 필요하다는 것을 깨닫도록 도움을 준다.

성경에는 완전히 절망적인 상황에 처했던 사람들의 이야기가 가득하다. 우리는 노아와 모세, 다윗과 심지어 예수님의 생애에서 그런 절망적인 상황을 볼 수 있다. 예수님께 고침을 받은 수많은 사람들의 절망적인 상황은 말할 것도 없다. 그러나 절망감은 우리 믿음의 여정의 일부이지, 최종 목적지가 아니다.

믿음의 길에서 종종 맛보는 절망감은, 우리의 영적인 눈을 열어 한층 더 열렬하게 하나님을 찾아야 한다는 것을 깨닫게 해준다. 우리를 하나님께 더 가까이 나아가게 만드는 것은, 무엇이든지 다 우리에게 좋은 것이다. 그리고 우리는 절망적인 상황에 처했을 때, 하나님을 강렬하게 체험하게 된다.

제자들의 마음을 굳게 하여 이 믿음에 머물러 있으라 권하고 또 우리

가 하나님의 나라에 들어가려면 많은 환난을 겪어야 할 것이라 하고

행 14:22

좋든 싫든, 절망적인 상황은 우리의 믿음을 테스트하는 진짜 시험이다. 우리는 하나님과 동행하면서 담대하게 믿음의 길을 걷다가 절망적이고 힘든 상황에 부딪혔을 때, 다음과 같이 묻고 대답해야 한다.

"믿음으로 견고히 서서 하나님께서 말씀 안에서 주신 약속들을 붙잡을 것인가, 아니면 환경이 하나님을 믿는 내 믿음을 좌우하도록 허락할 것인가?"

이 질문에 반드시 대답해야 하는 까닭은, 우리가 어떻게 대답하는지 하나님께서 알고자 하시기 때문이 아니다. 우리 자신이 알기를 하나님께서 바라시기 때문이다. 하나님께서는 우리의 마음 가장 깊은 곳에 있는 것들을 들춰내 우리에게 보여주기 위해 우리의 절망감과 좌절을 사용하신다. 당신은 당신의 믿음을 자신할지 모른다. 하지만 하나님께서는 당신의 믿음에 수리할 부분이 있다는 것을 잘 알고 계신다.

그런즉 선 줄로 생각하는 자는 넘어질까 조심하라 고전 10:12

| 절망이 하는 역할 | 우리는 하나님과 동행하는 길에서 절망적인 상황에 부닥쳤을 때, 스스로 희망을 만들어내기 위해 필사적으로 애쓴다. 희망의 근거가 될 수 있는 것, 바랄 수 있는 것을 우리 힘으로 찾으려 애쓴다. 그렇게 애쓰다가 우리는 참된 희망의 원천이신 하나님과의 접속을 단절한다. 참된 희망은 우리가 처한 상황이 아무리 절망스럽게 보이더라도 하나님과의 친밀한 관계 가운데서 나오는 결과이다.

하나님께서 나를 죽이실지라도 하나님을 굳게 믿고 의지하리니

욥 13:15-KJV 역 역자 직역

절망감은 우리 인생의 껍데기들을 벗기고 벗겨 본질적인 것들을 드러낸다. 우리는 절망적인 상황에 처할 때야 비로소 우리의 인생에서 정말 중요한 게 무엇인지 깨닫곤 한다. 하나님께서 분명한 목적을 갖고, 우리의 믿음의 길에 '절망적인 상황'이라는 정거장을 마련해놓으신 것 같다. 우리는 물론 다른 길이 있으면 좋겠다고 생각하지만. 이러한 절망의 시기는 우리가 정말 엉뚱한 곳에 희망을 두고 있다는 것을 깨우쳐준다. 우리는 가장 어두운 낮과 가장 힘든 밤을 보낼 때, 우리에게 참된 희망이 필요하다는 것을 깨닫게 된다. 하나님께 희망을 두지 않으면, 우리 인생은 의미를 상실하고 우리 마음은 병든다.

소망이 더디 이루어지면 그것이 마음을 상하게 하거니와 잠 13:12

우리를 고쳐줄 위대한 의사가 우리에게 필요하다는 것을 깨우쳐 주는 것은 우리 마음의 병이다. 예수님은 말씀하셨다.

건강한 자에게는 의사가 쓸 데 없고 병든 자에게라야 쓸 데 있느니라 막 2:17

예수님은 우리의 상한 마음을 싸매주고(사 61:1), 희망을 주기 위해 이 땅에 오셨다. 그러나 예수님께 고침을 받으려면, 우리가 병들었다는 것을 깨달아야 하며 고침받기를 원해야 한다. 우리는 꼭 치료받아야 한다는 사실과 희망이 절실히 필요하다는 사실을 통해, 우리가 좌지우지 못하는 것들, 우리가 통제하지 못하는 것들이 있다는 사실을 깨닫게 된다. 하나님이 하나님이시지 우리는 하나님이 아니라는 것을 상기하게 된다. 이에 대해 하나님께 진심으로 감사드려라.

우리는 하나님과 동행하는 길에서 때로 '절망적인 상황'의 정거장에 당도하여 힘겹게 나아간다. 하지만 그곳은 우리에게 절망적인 곳이지만, 하나님께는 기쁨과 번영의 장소이다. 하나님께서 우리가 하나님의 초자연적인 힘을 체험할 수 있도록 때로 극단적인 연약함과 절망을 체험하게 허락하시기 때문이다. 이따금 하나님께서는 우리를 깨트리고 부서트리신다. 바로 그렇게 함으로써 우리를 치료하신다.

| 하나님께서 행하시는 두 가지 | 또한 하나님께서는, 우리가 하나님의 길을 이해하기 위해 분투할 때, 우리의 고통과 아픔에 대해 때론 아무 설명도 해주지 않으시는 것이 바로 하나님을 영화롭게 하기 위함이며, 우리와 다른 사람들의 믿음을 강하게 해주기 위함이라는 사실을 상기시켜주신다. 요한복음 9장에서 예수님께 고침을 받은 맹인의 경우가 그랬다. 당신의 경우도 그럴지 모른다.

어느 날, 예수님과 제자들이 길을 가다가 날 때부터 맹인인 한 사람을 만났다. 제자들은 하나님께서 역사하시는 방법을 이해하기 위한 좋은 기회라 생각하여 예수님께 질문했다.

"이 사람이 맹인으로 난 것이 누구의 죄로 인함이니이까? 자기니이까, 그의 부모니이까?"

그런데 예수님은 그들이 예상한 대답을 하지 않았다. 그들은 기대했던 그 이상의 귀한 깨달음을 얻었다. 예수님은 그들에게 대답하셨다.

"이 사람이나 그 부모의 죄로 인한 것이 아니라 그에게서 하나님이 하시는 일을 나타내고자 하심이라."

때로 하나님께서는 오직 하나님만 알고 계시는 이유 때문에 일을 행하신다. 우리는 이해할 수 없는 환경 속에서 몇 년씩, 심지어 몇 십 년씩, 그리고 어쩌면 평생을 살아야 할지 모른다. 하지만 하나님의 역동적인 역사 방식을 이해하는 것이 불가능하다고 해도, 우리를 치유하시는 하나님을 굳게 믿고 의지할 수 있다. 하나님께서 행하시고 허락하시는 모든 일에는 분명한 이유가 있기 때문이다. 게다가 "왜 하나님께서 나에게 이런 고통을 허락하시는 것일까?"라는 질문에 대한 대답을 당신이 안다 해도, 당신이 아무것도 변화시키지 못하리라는 것을 하나님께서는 잘 아신다. 솔직히, 그이유를 안다고 당신이 당하는 고통의 무게가 단 1그램이라도 줄어들까? 하나님께서는 그렇게 생각하지 않으신다.

하나님께서는 무엇이든지 다 할 수 있으시다. 그러나 하나님께서 정말 하기를 원하시는 것은, 당신의 마음을 하나님의 것으로 만드시는 것이다. 하나님께서는 깨지고 부서진 당신을 치유하시어 당신의 삶을 영원히 변화시키기를 원하신다. 하나님께서는 당신의 비극을 승리로 바꾸어주시기를, 당신이 뒤집어쓰고 있는 재를 화관으로 바꾸어주시기를 원하신다.

무릇 시온에서 슬퍼하는 자에게 화관을 주어 그 재를 대신하며 기쁨의 기름으로 그 슬픔을 대신하며 찬송의 옷으로 그 근심을 대신하시고 그들이 의의 나무 곧 여호와께서 심으신 그 영광을 나타낼 자라 일컬음을 받게 하려 하심이라 사 61:3

그리고 당신이 좋아하든 싫어하든, 하나님께서는 하나님의 일을 수행하기 위해 무엇이든 행하실 것이다. 만일 하나님께서 당신의 고통스러운 상황을 바꾸어주지 않으신다면 당신을 변화시켜주실 것이다. 무엇보다도 하나님은 그 두 가지를 모두 행하시는 것으로 유명하다.

| **위로보다는 성장을** | 상황이 아무리 절망적으로 보일지라도 하나님을 굳게 믿고 의지하면 참된 소망을 얻을 수 있다. 하나님께서는 자녀들이 처한 모든 환경을 통해 자녀들 안에서 역사하시는 것에 전념하고 계신다. 하나님께서는 고통에 처한 우리를 위로하기보다는 우리를 고통으로 데려가 성품을 발전시키는 것에 더 관심을 쏟으신다. 우리의 성품을 발전시키는 데 필요하다면 하나님께서는 우리의 환경을 바꾸어주시는 일을 전혀 망설이지 않으신다.

참된 희망은 하나님을 믿고 의지하는 것에서 태동한다. 하나님께서 우리 안에서 역사하시기 때문이다. 하나님께서 우리 안에서 하나님의 일을 하시도록 순종하면, 하나님께서는 우리를 겸손하게 만드셔서 우리의 삶을 변화시켜주실 것이다.

또 하나님께 순종하면 모든 환경을 하나님의 돌보심에 맡기도록 가르치실 것이며, 우리의 삶에 허락하신 상황들을 받아들이도록 가르치실 것이며, 우리를 위해 예비해놓으신 경이로운 축복으로 들어갈 수 있게 해주실 것이다.

하나님이 자기를 사랑하는 자들을 위하여 예비하신 모든 것은 눈으로 보지 못하고 귀로 듣지 못하고 사람의 마음으로 생각하지도 못하였다 함과 같으니라 고전 2:9

상황이 그저 절망적으로 보일지 모른다. 그러나 하나님을 굳게 믿고 의지하기만 하면 절망적인 것은 아무것도 없다. 가망이 없는 것은 절대적으로 없다! 하나님의 손을 굳게 믿고 의지하라. 하나님의 지켜주심을 굳게 믿고 의지하라. 하나님의 약속을 꼭 붙잡고 절대 놓지 말라. 미국의 설교자이자 베스트셀러 저자인 맥스 루케이도(Max Lucado)는 그의 책《아주 특별한 사랑》(A Love Worth Giving)에서 확신하는 믿음에 대하여 다음과 같이 말했다.

당신은 그 어떤 도둑도 앗아가지 못하고, 그 어떤 분리도 끊지 못할 영원한 집, 천국의 입장권을 갖고 있다. 당신의 삶의 모든 죄는 바다에 던져졌다. 당신이 저지른 모든 실수는 십자가에 못 박혔다. 당신을 피로 값 주고 사서서 천국에 합당한 자로 만드셨다. 당신은 영원히 구원받은 하나님의 자녀이다. 사실이 아닌가? 그러니 감사드려라. 기뻐하라.

당신은 이미 정말 많은 것을 가졌다. 하나님께서는 하나님 자신이 우리에게 필요한 모든 것이라고 말씀하신다. 하지만 우리가 정말 그 말씀을 믿고 있는지 확신하지 못한다. 우리가 진정 우리에게 필요한 모든 것들을 갖고 있다면, 어둠의 순간이 믿음의 한가운데 있는 우리를 엄습하는 까닭이 무엇일까?

> 내 영혼아 네가 어찌하여 낙심하며 어찌하여 내 속에서 불안해하는가 너는 하나님께 소망을 두라 그가 나타나 도우심으로 말미암아 내가 여전히 찬송하리로다 … 내 영혼이 내 속에서 낙심이 되므로 … 주를 기억하나이다 시 42:5,6

하나님의 손에 들린 절망감은, 우리가 하나님과 친밀해지지 않으면, 하나님을 온전히 믿지 않으면, 하나님 앞으로 계속 피하지 않는다면, 우리의 믿음이 오래 견디지 못하고 인생의 시련도 이겨내지 못하리라는 것을, 하나님께서 우리 마음에 경고하기 위해 사용하시는 수단이다.

| 기도해야 하는 까닭 | 우리는 하나님과 동행하는 믿음의 길에서 간혹 절망적인 상황에 처할 때, 하나님의 음성 듣기를 필사적으로 갈망한다. 우리는 하나님께서 우리를 버리고 떠난 것이라고 확신한다. 그러나 하나님의 말씀은, 하나님께서 우리를 결코 떠나지 않고 버리지 않으신다고 말한다.

너희는 강하고 담대하라 두려워하지 말라 그들 앞에서 떨지 말라 이는 네 하나님 여호와 그가 너와 함께 가시며 결코 너를 떠나지 아니하시며 버리지 아니하실 것임이라 신 31:6

그러므로 우리는 하나님께서 우리를 절망적인 상황에 버려놓고 떠나신 것처럼 보일 때, 우리 자신에게 질문해야 한다.

"누가 이탈한 것일까?"

우리는 하나님께서 우리와 동행하는 길에서 어디로 떠난 것인지 의아해한다. 그러나 우리가 하나님을 떠난 바로 그곳에 하나님이 계신다는 것을 분간하지 못한다. 매일 동행하는 길에서 이탈한 장본인은 하나님이 아닐지 모른다. 어쩌면 우리인지 모른다.

하나님께서는 우리가 인생길을 걸을 때, 하나님을 시야에서 자주 놓치리라는 것을 잘 알고 계신다. 우리의 마음을 산만하게 하는 것들이 너무 많기 때문이다. 하지만 하나님께서는 하나님께 계속 주의를 집중하고 믿음의 길을 걸을 수 있도록, 하나님 앞으로 계속 피하면서 믿음의 길을 걸을 수 있도록, 하나님과 계속 친밀한 관계를 유지하면서 믿음의 길을 걸을 수 있도록 우리에게 특권을 주셨다. 하나님의 자녀로서 누릴 수 있는 특권과 기도를 주셨다. 기도의 힘은 정말 강력하다. 기도는 우리의 무거운 짐을 하나님 앞에 내려놓고 하나님의 은혜와 안내와 공급을 받을 수 있게 해준다. 전능하신 하나님께 신속하게 접근할 수 있는 특권을 소유한 우리가 일상에서 늘 하나님 없이 무엇인가를 하려고 애쓰는 이유가 무엇인지 생각해보면 그저 불가사의할 뿐이다.

침례교 목회자 찰스 스탠리(Charles Stanley)는 기도의 힘에 대해 간결하게 단언했다.

우리는 무릎을 꿇을 때, 가장 당당해지고 가장 강해진다.

우리의 뜻을 하나님의 뜻에 굴복시키고 간절하게 하나님을 찾으면, 하나님께서는 응답하신다. 어쩌면 우리는 원하는 응답을 얻지 못할지 모른다. 설령 하나님께서 우리가 원하는 것을 주지 않으시더라도, 그것이 우리를 위한 가장 좋은 것이라고 확신해도 좋다.

우리는 하나님을 믿고 의지하든지 그렇지 않은지 둘 중 하나를 하고 있다. 하나님께서 우리를 위하신다는 것을 믿든지 그렇지 않든지 둘 중 하나를 하고 있다. 그리고 당신이 어느 쪽인지 확신하지 못한다면 기도를 통해 점검해야 한다. 왜냐하면 하나님께 기도한다는 것은, 하나님이 우주를 주권적으로 통치하시는 분임을 인정하는 것이고, 또 하나님께서 모든 것을 절대적으로 다스리시는 것을 받아들이는 것이기 때문이다.

여호와께서 그의 보좌를 하늘에 세우시고 그의 왕권으로 만유를 다스리시도다 시 103:19

우리가 하나님을 전능하신 하나님으로 인정할 때, 우리의 기도는 하나님의 마음과 손을 움직인다. 그러나 하나님은 단지 사랑의 하나님이 아니다. 하나님은 거룩한 하나님이시기도 하다. 하나님의 거룩하심은 공의(公義)를 수반한다. 그리고 우리가 하나님의 절대적인 거룩하심에 턱없이 미치지 못한다는 것을 깨닫게 도와주는 것이 기도이다. 우리는 기도할 때, 경건함과 두려움으로 하나님께 나아가야 한다는 것을 금세 깨닫는다. 우리가 하나님 앞에 무릎 꿇고 기도한다는 것은, 우리 자신이 아니라 하나님께 기대를 건다는 의미와 하나님께서 우리의 구원자(Savior)가 되실 뿐 아니라 우리 인생의 실제적인 주인(Lord)이 되신다고 단언하는 의미를 갖는다.

| 기도의 초점 | 우리는 우리 자신의 힘으로 천국 문을 힘차게 밀고 들어가 하나님의 은혜의 보좌로 나아가고 싶어 한다. 그러나 하나님께서는 그렇게 허락하지 않으신다. 하나님께서는 우리가 예수님을 통해서만 은혜의 보좌에 이를 수 있다고 말씀하신다. 또 우리가 예수님께 나아가려면 우리의 죄를 직시하지 않을 수 없게 된다. 하나님께서는, 우리가 기도로 하나님께 나아갈 때마다 죄를 자백하고 용서를 구해야만 우리의 기도를 들어주신다. 우리는 다음과 같이 기도할 수 있다.

하나님이여 나를 살피사 내 마음을 아시며 나를 시험하사 내 뜻을 아

옵소서 내게 무슨 악한 행위가 있나 보시고 나를 영원한 길로 인도하소서 시 139:23,24

우리의 믿음의 여정은 여러 가지 면에서 믿기 어려울 만큼 짧기도 하지만, 또 다른 많은 면에서 매우 긴 여정이기도 하다. 무거운 짐을 진 채로는 멀리 가지 못한다. 이 길을 가는 내내 우리를 옭아매는 죄를 속히 벗어버려야 한다.

청결한 마음과 하나님의 능력은 서로 연결되어 있다. 기도는 우리가 그 두 가지 모두를 가질 수 있게 해준다. 만일 우리가 우리 죄를 자백하고 회개하고 다른 사람들을 용서해주면 신실하신 하나님께서 우리의 기도를 들어주시겠다고 약속하신다. 우리의 끊임없는 기도는 하나님의 건지심을 가져다준다.

하물며 하나님께서 그 밤낮 부르짖는 택하신 자들의 원한을 풀어 주지 아니하시겠느냐 그들에게 오래 참으시겠느냐 내가 너희에게 이르노니 속히 그 원한을 풀어 주시리라 그러나 인자가 올 때에 세상에서 믿음을 보겠느냐 하시니라 눅 18:7,8

하지만 우리는 기도할 때, 우리 마음을 아프게 하는 것들에 대해 기도하는 대신 하나님의 마음을 아프게 하는 것들에 초점을 맞추어야 한다. 우리는 기도할 때, 예수님이 가르쳐주신 그대로 기도하지 못하는 경우가 너무나 많다.

> 너희는 이렇게 기도하라 하늘에 계신 우리 아버지여 이름이 거룩히 여김을 받으시오며 나라가 임하시오며 뜻이 하늘에서 이루어진 것 같이 땅에서도 이루어지이다 마 6:9,10

우리는 하나님께서 주신 가장 귀한 특권을 가장 태만히 하고 있다. 전 세계 수많은 사람들이 날마다 주기도문을 암송하지만, 하나님의 뜻이 아니라 자신의 뜻이 이루어지기를 바라는 마음으로 암송한다. 우리는 하나님의 뜻이 이루어지게 해달라고 기도하지 않는다. 우리의 뜻을 승인해달라고 기도한다.

| 기도의 특권 | 우리는 하나님의 약속을 굳게 믿고 의지함으로써 소망 안에서 기뻐해야 하며, 그렇게 기뻐하는 가운데 끊임없이 기도에 전념해야 한다.

> 소망 중에 즐거워하며 환난 중에 참으며 기도에 항상 힘쓰며 롬 12:12

우리는 하나님께서 우리의 삶의 순간순간을 이끌고, 안내하시고, 지휘하시도록 하나님을 우리의 세상에 초대할 수 있다. 그것은 기도를 통해 가능하다. 우리가 기도할 때 누리는 특권은, 하나님께서 우리의 기도를 들어주신다는 것이 아니라 우리가 하나님의 음성을 듣게 된다는 것이다.

우리는 기도를 통해 우리가 애타게 소망하는 응답을 받을 수도 있고 그렇지 못할 수도 있다. 그것은 전적으로 하나님의 뜻에 달려 있다. 하지만 하나님을 굳게 믿고 의지하면, 하나님께서 어떤 응답을 해주시든지 간에 분명히 응답을 받을 수 있다.

그리고 만일 기도했는데도 응답을 받지 못한다면, 그것은 우리의 기도에 문제가 있기 때문이 아니라 믿음에 문제가 있기 때문이다. 그럴 때에는 기본적인 것으로, 우리 소망의 이유로, 믿음으로 돌아갈 필요가 있다.

| 기도해도 응답이 오지 않을 때 | 기도해도 응답이 오지 않을 때, 우리는 하나님과 더 많은 시간을 보내야 할 필요가 있다. 욥의 경우처럼, 우리도 기도의 응답을 받기까지 우리 생애의 32장(章)이 걸릴지도 모른다(구약성경 욥기는 총 42장으로 이루어져 있다. 욥은 32장까지 자신의 믿음을 변론하다가 33장 이후에 응답을 받는다 - 역자 주). 하지만 욥이 배운 그대로, 우리의 주장을 하나님 앞에 늘어놓는 것은 필요하지 않다. 욥이 그랬던 것처럼 우리도 우리의 믿음을 떠받쳐주는 것들이 모두 제거되었을 때의 우리의 반응, 즉 혹독한 시련에 부딪쳤을 때 우리가 어떤 반응을 보이느냐 하는 것이 우리가 믿음을 갖고 있다는 것을 입증해주거나 반박한다는 것을 깨닫는다.

그러니 현재의 상황이 아무리 고통스러워도 기도를 포기하지 말라. 인생은 원래 힘든 것이고, 사람은 누구나 실수하게 되어 있고, 우리의 믿음 또한 비틀거릴 때가 있는 법이다. 하나님의 가장 충성스러운 신자들조차 갑작스레 닥치는 절망감과 자포자기의 순간에서 자유롭지 못하다.

오늘도 내게 반항하는 마음과 근심이 있나니 내가 받는 재앙이 탄식보다 무거움이라 욥 23:2

그러니 응답이 지연되더라도, 그런 이유로 때로 실망하더라도, 실망하는 당신의 믿음이 하나님의 마음을 움직일 수 있을까 하는 의구심이 들어도, 항상 기도하고 낙심하지 말라(눅 18:1). 걱정하지 말라. 하나님께서는 들을 준비를 하신다. 그리고 하나님의 때가 되면 당신에게 말씀하실 것이다. 하나님께서는 당신이 하나님께 꼭 아뢰어야 할 말들, 믿음의 말들에 관심을 갖고 계신다.

하나님께서는 당신을 방해하지 않으실 것이다. 하나님께서는 당신의 마음을 하나님께 완전히 쏟아낼 때까지 기다려주실 것이다. 그리고 마침내 하나님께서 당신에게 말씀하실 때, 당신은 기도의 특권이라는 것이 그 자체로 기적이라는 것을 깨달을 것이다. 진정으로 당신은 필요한 모든 것들을 다 갖고 있다는 것을 깨달을 것이다. 하나님이 소망 그 자체이므로 당신은 소망을 가질 수 있을 것이다.

미국에서 가장 영향력 있는 목사이자 저자로 손꼽히는 맥스 루케이도(Max Lucado) 목사는 자신의 책인 《여행》(Traveling Light)에서 다음과 같이 말했다.

당신은 당신의 말을 경청하는 하나님을 가지고 있다. 당신은 당신 뒤에 사랑의 능력을, 당신 안에 성령을, 당신 앞에 천국의 모든 것들을 가지고 있다. 만일 당신이 목자를 가지고 있다면, 모든 죄를 사하는 은혜를 가진 것이요, 모든 방향을 위한 지침을 가진 것이요, 모든 구석을 비추는 촛불을 가진 것이요, 모든 폭풍을 만났을 때 의지할 수 있는 닻을 가지고 있는 것이다. 당신은 필요한 모든 것들을 가지고 있다.

| 믿음 안에 있는 소망 | 어려움이 닥칠 때, 인생의 시련들이 달갑지 않은 손님처럼 별안간 우리 삶에 갑자기 들이닥칠 때, 우리는 보통 며칠 정도는 쉽게 견딘다. 또 심지어 몇 개월씩 견디기도 한다.

이것을 너희에게 이르는 것은 너희로 내 안에서 평안을 누리게 하려 함이라 세상에서는 너희가 환난을 당하나 담대하라 내가 세상을 이기었노라 요 16:33

하지만 그 시련들이 장기적으로 지속되면 우리의 믿음은 쇠약해지기 시작하고, 소망은 시들기 시작한다. 그럴 때는 정말 우리가 당한 문제들이 너무나 커서 하나님조차 버거워하시는 것처럼 보인다.

하나님께서는 아브라함을 기억하라고 말씀하신다.

아브라함이 바랄 수 없는 중에 바라고 믿었으니 롬 4:18

그리스도 안에는 언제나 소망이 있다. 모든 소망이 사라진 것처럼 보일 때, 우리 앞에는 십자가가 있다. 그것은 우리가 어디를 바라보아야 하는지 알려준다. 위를 바라보아야 한다는 것을 알려준다. 하나님과 동행하는 길에서 절망적인 상황에 부닥쳤을 때, 우리의 느낌들을 한쪽으로 제쳐놓고 믿음의 사실들로 돌아가야 한다. 계속해서 하나님께 가까이 다가가야 한다. 그러면 하나님께서 소망을 회복시켜주신다. 우리가 기도할 때, 하나님께서는 우리가 우리의 문제들을 하나님의 관점에서 바라볼 수 있게 도와주신다.

기독교 영성 작가인 필립 얀시는 말했다.

믿음은 거꾸로 보아야 말이 되는 것들을 미리 믿는 것을 뜻한다.

어쩌면 하나님께서, 당신이 다른 사람들의 위로가 될 수 있도록 준비시키기 위해 지금 당신의 고통스러운 상황을 들어 쓰시는지도 모른다(고후 1:4). 당신의 고통은 하나님의 뜻과 하나님의 영광과 당신의 유익을 위한 하나님의 목적과 관계가 있다.

필립 얀시는 그의 저서 《내가 고통 당할 때 하나님은 어디 계십니까》(Where is God When it Hurts?)에서, 성 어거스틴의 《고백록》(Confessions)의 한 대목을 인용하고 부연하면서 다음과 같이 말했다.

성 어거스틴은 《고백록》에서 말한다. '우리 영혼은 사랑하는 것들을 잃었다가 다시 찾거나 회복했을 때, 그것을 늘 갖고 있던 때보다 더 큰 기쁨을 맛본다. 그렇다면, 우리의 영혼과 잘 어울리는 것은 무엇일까?' 계속해서 그는 위험이 가장 클 때 가장 큰 만족을 느끼는 개선장군, 사나운 폭풍이 지나간 고요한 바다에서 뛸 듯이 좋아하는 뱃사람, 병이 낫자마자 병들기 전에는 결코 알지 못했던 기쁨으로 즐겁게 걷는 병자에 대해 언급한다. 그리고 '더 큰 기쁨이 있는 곳에서는 언제나 더 큰 고통이 선행한다'라고 말한다.

| 모든 것을 압도하는 사랑 | 우리의 실망이 우리를 하나님께 더 가까이 끌어당기기 위한 것이며, 하나님께서 보내주신 구세주가 우리에게 절실히 필요하다는 것을 깨닫도록 한다는 사실은 명백하고 또 명백하다. 하나님께서는 당신을 이 믿음의 여정 끝으로 데려가줄 더 큰 믿음, 더 깊은 사랑, 흔들리지 않는 신뢰를 당신 안에 만들어주기를 바라신다. 그러는 동안에 사랑의 손으로 당신을 견고하게 받쳐주고, 당신을 결코 떠나지 않으리라는 확신을 주신다. 하나님께서는

다함이 없는 사랑으로 당신을 에워싸시며, 무한한 은혜로 계속 안아주신다.

하나님께서는 영원한 복적을 갖고, 당신이 이생에서 마주하는 모든 시련들을 허락하신다. 하나님께서는 그 무엇도 헛되이 낭비하지 않으신다. 특별히 당신의 삶의 고통과 아픔을 헛되이 흘려보내지 않으신다.

당신은 다음의 하나님의 약속을 굳게 믿고 의지해도 좋다.

그러므로 너희 담대함을 버리지 말라 이것이 큰 상을 얻게 하느니라 너희에게 인내가 필요함은 너희가 하나님의 뜻을 행한 후에 약속하신 것을 받기 위함이라 히 10:35,36

인생의 가혹한 시련은 우리에게 타격을 입히고, 비극적인 사건들은 우리를 주저앉히고, 실망스러운 상황은 발걸음을 질질 끌면서 좀처럼 떠날 생각을 하지 않는다. 그러나 우리 삶의 모든 상황 가운데 하나님의 영원하신 목적이 있다는 사실을 알 때, 우리는 그리스도를 통하여 우리의 길을 가로막는 그 모든 것들에 당당히 맞설 수 있다.

그 때 우리는 기도하면서 하나님께 나아가야 하며, 합당한 믿음의 반응을 보일 수 있도록, 고통을 통하여 하나님의 사랑을 받아들일 수 있도록, 믿음 안에 강건하게 머무를 수 있도록 도와달라고 하

나님께 청해야 한다. 하나님을 전적으로 믿고 전적으로 의지해야
한다.

우리는 믿음의 선한 싸움을 싸우리라 결심해야 하며, 하나님의
길이 우리의 길보다 더 높다는 것을 확신해야 하며, 그 길이 또한 우
리의 길보다 더 좋다는 사실을 붙잡아야 한다. 그러니 흔들리지 말
라. 하나님의 사랑이 모든 것들을 이긴다.

데이비드 윌커슨(David Wilkerson, 1931-2011. 뉴욕타임스스퀘어교회 설립
자)은 모든 것들을 압도하는 하나님의 사랑에 대해 다음과 같이 말
했다. 이것은 그가 불의의 교통사고로 갑자기 세상을 떠난 날 아침,
그의 블로그에 올라온 글이다.

죽음의 어두운 골짜기를 지나고 있는 모든 사람들이여! 내 말을 들
으시오. 어둡고 두려운 며칠 밤 눈물이 지속될 것입니다. 그러나
그 어둠 속에서 속삭이시는 아버지의 음성을 곧 듣게 될 것입니다.
"내가 너와 함께 있다. 네가 왜 어두운 밤을 지나고 있는지 지금은
말해줄 수 없지만 장차 언젠가 밝히 알게 될 것이다. 그것이 모두
내 계획의 일부였다는 것을, 우연한 사고가 아니었다는 것을, 너의
실패가 아니었다는 것을 밝히 알게 될 것이다. 고통의 시기에 꼭
안아줄 터이니 흔들리지 말라."
사랑하는 이들이여! 하나님께서는 언제나 선과 사랑으로 역사하십
니다. 모든 수단들이 없어져도 하나님의 사랑은 모든 것들을 이깁

니다. 그러니 믿음을 굳게 붙잡으십시오. 하나님의 말씀 안에 견고
히 서십시오. 세상에 다른 소망은 없습니다.

꼭 알아두어야 할 것이 하나 있다. 하나님을 굳게 믿고 의지하려
면 당신의 무엇인가를 버려야 한다. 그것은 당신의 교만일 수도 있
고, 이기심일 수도 있고, 잘못된 태도일 수도 있고, 모든 종류의 중
독일 수도 있고, 세상의 정욕일 수도 있다. 혹은 하나님과 올바른
관계를 맺지 못하게 방해하는 일체의 것들일 수도 있다. 그러나 당
신이 그런 것들을 기꺼이 버릴 때, '거룩한 교환'이 이루어질 것이
다. 그에 대한 보상으로 하나님의 평화를 얻게 될 것이다.

소망의 하나님이 모든 기쁨과 평강을 믿음 안에서 너희에게 충만하
게 하사 성령의 능력으로 소망이 넘치게 하시기를 원하노라 롬 15:13

PART 3

"기다려,
너에게 줄 것이 많아"

우리는 하나님의 평화를 소유하고 있을 때, 어떤 골짜기든지 끝까지 지나갈 수 있다. 하나님의 은혜를 통한 하나님의 평화는, 우리가 어떤 상황에 처하든지 그것만 갖고 있으면 충분히 견딜 수 있다는 것을 스스로 입증해 보인다.

CHAPTER 7

기다림은
가장 좋은 것을 소망하게 한다

기다림의 장소에 있을 때에는 시간이 정말 중요하다. 우리는 시계를 연신 들여다본다. 그러나 하나님께서는 전혀 관심이 없는 것처럼 보인다. 우리가 하나님의 대기실에서 한 시간, 또 한 시간 시간이 흐를 때마다 고뇌하면서 깨닫게 되는 것은, 하나님께서 결코 서두르지 않으신다는 것이다. 우리는 기다림의 장소에 있을 때, 베드로후서의 말씀을 떠올리게 된다.

> 사랑하는 자들아 주께는 하루가 천 년 같고 천 년이 하루 같다는 이 한 가지를 잊지 말라 벧후 3:8

| 가장 좋은 때, 가장 좋은 것 | 우리는 하나님께서 우리를 돕기 위해 우리의 상황에 들어오시는 데 천 년의 시간이 걸릴지도 모른다고 생각하지만, 하나님께서는 단 하루밖에 걸리지 않는다는 것을 알고 계신다. 우리는 오늘이 바로 그날이 되기를 소망하지만, 하나님께서는 하나님의 계획 전체를 다 알고 계신다.

하나님의 안내를 기다리지 않고, 하나님의 타이밍을 기대하지 않으면 하나님께서 우리를 위해 준비한 가장 좋은 것들을 놓치게 된다. 하나님보다 앞서 가려고 서두르거나 하나님 뒤에 처져 머뭇거리면 하나님의 귀하고도 큰 축복을 받지 못하게 된다.

예수님이 죽었던 나사로를 다시 살리셨을 때, 하나님의 완벽한 타이밍에 관한 가장 좋은 본(本)을 보여주셨다. 많은 사람들이 그 이야기를 알고 있지만, 거기에 담긴 메시지의 핵심을 간파하는 사람은 거의 없는 것 같다. 그 이야기에 담긴 메시지는 당신의 믿음에 결정적으로 중요하다. 또 기다림의 장소에 있을 때 하나님께서 일하시는 방식을 깨닫는 데도 필수적이다.

나사로와 그의 두 여동생 마르다와 마리아는 예수님의 친한 친구다. 하지만 예수님은 나사로가 병들었다는 소식을 들었을 때 곧장 달려가지 않으셨다. 대신 예수님은 이렇게 말씀하셨다.

이 병은 죽을 병이 아니라 하나님의 영광을 위함이요 하나님의 아들이 이로 말미암아 영광을 받게 하려 함이라 요 11:4

예수님이 나사로에게 곧장 달려가지 않으신 까닭은, 마르다와 마리아는 물론 자신을 따르는 모든 이들에게 믿음을 주시길 원하셨기 때문이다. 그렇다. 하나님께서도 우리를 위해 종종 이와 같이 하신다. 하나님께서는 우리가 계속 올바른 방향으로 가도록 하기 위해 필요한 정보만을 주신다. 하나님께서는 우리가 어떤 상황에서든지 지속적으로 하나님을 찾고, 그래서 하나님을 전적으로 의지하며 하나님의 뜻 안에 머물러 있기를 바라신다.

| **기다리는 사람들** | 나사로 이야기는 계속 전개된다. 마침내 나사로가 죽었다는 소식이 전해졌다. 그러자 예수님이 제자들에게 말씀하신다.

이에 예수께서 밝히 이르시되 나사로가 죽었느니라 내가 거기 있지 아니한 것을 너희를 위하여 기뻐하노니 이는 너희로 믿게 하려 함이라 그러나 그에게로 가자 요 11:14,15

예수님이 마르다와 마리아를 만나러 가셨을 때, 그 두 자매는 기다림의 장소에 있었다. 그들은 예수님이 바로 오실 것이라 예상했지만, 예수님은 그들이 예상한 대로 오지 않으셨다. 그래서 예수님이 마침내 당도하셨을 때, 그들은 울부짖지 않을 수 없었다.

주께서 여기 계셨더라면 내 오라버니가 죽지 아니 하였겠나이다

요 11:21

우리는 인생의 수많은 위기상황에서 마리아와 마르다처럼 하나님의 능력을 믿는다. 그러나 하나님께서 꼭 오실 거라 예상했던 때에 오지 않으시면 하나님께서 우리의 기대를 저버리셨다고 느낀다.

우리가 시련을 당해 하나님을 간절히 부르짖었지만 응답하지 않으실 때, 기다림의 장소에서 하나님을 기다리지만 오시지 않는다고 느껴질 때, 우리의 믿음 안에 있는 의심에 압도된다. 정말 솔직히 말하면, 우리는 하나님이 꼭 필요한 때 오시지 않은 것에 발끈 화를 낸다.

성경 본문 말씀을 보면, 예수님이 마리아와 유대인들이 우는 것을 보시고 눈물을 흘리셨다는 기록이 나온다.

이르시되 그를 어디 두었느냐 이르되 주여 와서 보옵소서 하니 예수께서 눈물을 흘리시더라 요 11:34,35

그 눈물은 친구의 죽음으로 인한 슬픔의 눈물이 아니었다. 예수님은 나사로가 죽은 자들 가운데서 일어나게 되리라는 것을 알고 계셨다. 예수님이 눈물을 흘리신 것은 나사로의 죽음을 애도하는 이들을 불쌍히 여기셨기 때문만은 아니었다. 그들의 믿음이 부족했

기 때문이었다.

| 하나님의 영광을 보는 때 | 예수님은 믿음이 없으면 결국 하나님의 가장 좋은 것을 놓칠 수밖에 없다는 것을 잘 알고 계셨다. 언제나 일관되게 하나님을 신뢰하는 것의 중요성을 온전히 이해하신 것이다. 모든 문제에 대한 대답을 갖고 있지 않더라도, 불확실성에 직면한 상황이라도 하나님을 굳게 믿고 의지하는 것의 중요성을 온전히 이해하셨다.

예수님은 "내 말이 네가 믿으면 하나님의 영광을 보리라 하지 아니하였느냐"라고 물으시고, 마침내 나사로를 죽은 자 가운데서 다시 일으키심으로 이 이적을 매듭지으신다. 지금 이 순간, 우리 각자에게 물으시는 예수님의 음성이 생생하게 들리는 것 같다.

내 말이 네가 믿으면 하나님의 영광을 보리라 하지 아니하였느냐

요 11:40

그러므로 우리는 자신에게 질문해야 한다.

"나의 믿음은 어떤 면에서 부족한가?"

지금 어떤 상황에 처해 있는가? 하나님을 믿고 또 하나님의 경이로운 능력도 믿지만, 어쩌면 하나님께서 제때에 당신을 도우러 오지 않을지도 모른다는 의심이 여전히 남아 있는 상황에 처해 있는

가? 그러나 하나님을 온전히 믿고 의지하고, 하나님의 말씀을 굳게 붙잡는다면 하나님께서는 결코 늦지도 그렇다고 일찍 오시지도 않으신다는 것을 깨달을 것이다. 하나님께서는 언제나 제때에 오신다는 것을 알게 될 것이다.

지금 기다림의 장소에 있는가? 하지만 아무 일도 일어나지 않아 의심이 드는가? 그렇다면 당신의 믿음을 굳게 붙잡아 모든 걱정과 두려움을 날려버려라. 하나님께서 완벽한 때에 맞춰 당연히 오실 것을 기대하라.

| 만족하지 않는 죄 | 우리가 기다림의 장소에서 하나님을 기다릴 때, 우리 마음은 계속 질문한다.

"왜 하나님은 나를 이러한 상황에 데려다놓으신 것일까?"

우리의 영혼이 무력감에 압도될 때, 우리는 의아하다.

"하나님은 정말 신뢰할 만한 분인가?"

우리는 하나님의 길을 완전히 이해하지 못한다. 다만, 하나님께서 어떻게 역사하시는지 성경을 통해 살짝 엿볼 수 있을 뿐이다. 출애굽기를 읽을 때, 오늘 우리의 삶이 광야의 이스라엘 백성들의 삶과 조금도 다르지 않다는 것을 발견하게 된다. 물론 오늘날 우리가 성경을 읽으면서 하나님의 약속이 계속 성취되었다는 것을 볼 수 있었기 때문에 당시 이스라엘 백성들보다는 하나님의 길을 더 잘 이해할 수 있다.

이 특별한 이야기에서 하나님께서는 노예로 억압받던 하나님의 택한 백성들을 해방시키셨다. 그러나 그들은 하나님께 감사드리지 않았고, 하나님을 신뢰하지도 않았다. 그들은 애굽에 재앙이 내려지는 동안에 하나님의 놀라운 이적을 똑똑히 목격했지만, 하나님께서 모든 것들을 다스리신다는 것을 깨닫지 못하고 그로 인해 앞으로 나아가지도 못했다.

그들은 애굽에서 빠져나올 때, 애굽 백성들에게서 금과 은을 빼앗았다(출 12:35, 36). 심지어 그들은 애굽에서 빠져나와 홍해 앞에 이르렀을 때, 바로의 군대가 바로 뒤까지 추격해왔을 때, 모세에게 거세게 화를 냈다.

> 애굽에 매장지가 없어서 당신이 우리를 이끌어 내어 이 광야에서 죽게 하느냐 어찌하여 당신이 우리를 애굽에서 이끌어 내어 우리에게 이같이 하느냐 우리가 애굽에서 당신에게 이른 말이 이것이 아니냐 이르기를 우리를 내버려두라 우리가 애굽 사람을 섬길 것이라 하지 아니하더냐 애굽 사람을 섬기는 것이 광야에서 죽는 것보다 낫겠노라
>
> 출 14:11,12

그들은 하나님께서 그들에게 필요한 모든 것들을 공급해주신다는 것을 평생 깨닫지 못했다. 하나님께서는 홍해를 가르셔서 하나님의 권능을 분명히 입증해 보이셨다. 누구든지 그 정도의 이적을

체험한다면, 평생 하나님의 능력을 굳게 믿고 의지할 수 있으리라 생각할 수 있다. 그러나 성경은 말한다.

> 이스라엘 자손 온 회중이 그 광야에서 모세와 아론을 원망하여 이스라엘 자손이 그들에게 이르되 우리가 애굽 땅에서 고기 가마 곁에 앉아 있던 때와 떡을 배불리 먹던 때에 여호와의 손에 죽었더라면 좋았을 것을 너희가 이 광야로 우리를 인도해 내어 이 온 회중이 주려 죽게 하는도다 출 16:2,3

하나님께서는 그들의 원성을 들으시고 메추라기와 만나를 먹이셨고, 그들이 광야를 잘 지날 수 있도록 물을 공급해주셨다. 홍해를 건너 신 광야에 진 쳤을 때, 그들은 하나님께서 그들을 위해 이미 베푸셨던 많은 이적들뿐만 아니라 홍해를 가르시는 경이로운 이적을 목격한 상태였다.

그런데 어떻게 그럴 수 있을까? 어떻게 그렇게 믿음이 없을 수 있을까? 그들은 모세가 시내 산에 올라갔을 때에도 여전히 불평했다. 그들은 하나님께서 보내주시는 만나에 만족하지 못하고 더 좋은 것을 원했다. 그들은 '더' 원했다. 그들은 자신들의 환경에 결코 만족하지 못했고, 하나님의 참으심도 약해지기 시작했다.

너희의 몸을 거룩히 하여 내일 고기 먹기를 기다리라 너희가 울며 이르기를 누가 우리에게 고기를 주어 먹게 하랴 애굽에 있을 때가 우리에게 좋았다 하는 말이 여호와께 들렸으므로 여호와께서 너희에게 고기를 주어 먹게 하실 것이라 하루나 이틀이나 닷새나 열흘이나 스무 날만 먹을 뿐 아니라 냄새도 싫어하기까지 한 달 동안 먹게 하시리니 이는 너희가 너희 중에 계시는 여호와를 멸시하고 그 앞에서 울며 이르기를 우리가 어찌하여 애굽에서 나왔던가 함이라 민 11:18-20

하나님께 택함을 받은 그들은 작은 믿음으로 계속 불평했다. 그들은 하나님께서 나타나 이적을 베풀어주실 때에는 믿었지만, 이적이 끝나는 순간 다시 방종의 상태로 돌아갔다. 그런 믿음은 최고조의 영적 행복감을 안겨주는 환경에서만 믿는 믿음이라 말할 수 있다. 우리 모두는 그러한 죄를 짓고 있다.

| 기다려야 하는 데는 이유가 있다 | 우리는 기다림의 장소를 좋아하지 않는다. 우리는 기다림의 장소에 있을 때, 계속 질문을 해댄다.

"언제든지 도와줄 수 있는 하나님이라면서 지금 당장 오시지 않는 이유는 무엇입니까?"

이스라엘 백성들은 믿음의 결여로 40년 동안 광야를 배회했다. 사실 그것은 열하루면 끝날 수 있는 여정이다. 하지만 그들은 자신들을 광야로 이끄신 이가 하나님이시고, 광야에서 늘 함께하신다는 것을 믿지 못해 징벌을 받은 것이다.

우리는 우리 자신의 삶 속에서 하나님을 발견할 수 있어야 한다. 삶에서 평화와 기쁨을 맛볼 수 있는 곳, 젖과 꿀이 흐르는 약속의 땅을 갈망할 때, 우리 삶의 광야를 지날 때, 바로 그곳에서 하나님을 발견할 수 있어야 한다. 우리는 고통스러운 기다림의 장소에서 하나님을 발견할 수 있어야 한다. 우리가 혹독한 시련 가운데서 불평하고 있어도, 우리의 믿음이 바닥나도 늘 언제나 하나님은 함께하시기 때문이다.

성경의 이 이야기에서 우리가 배울 수 있는 것은, 많은 사람들이 약속의 땅으로의 여정을 시작하지만 모두가 약속의 땅에 들어가는 것은 아니라는 사실이다. 이스라엘 백성들은 하나님께서 그들을 선택하셨던 대로 그들 역시 하나님을 선택했다면 약속의 땅에 들어갈 수 있었을 것이고, 또 들어갔을 것이다.

그들은 하나님과 하나님의 길에 대해 의문을 제기하는 것이 아니라 그들 자신과 그들 자신의 길에 대해 의문을 제기했어야 했다. 우리가 출애굽 이야기에서 깨닫는 것처럼 고통에는 이유가 있다. 즉 우리가 기다려야 하는 데에 이유가 있다는 것이다.

| 합력하여 선을 이루는 완전한 계획 | 하나님께서 우리를 도우러 오실 때 마치 '갑자기' 오시는 것처럼 보인다. 하지만 그것은 하나님의 깜짝 방문이 아니다. 그것은 하나님께서 처음부터 계획하신 것이다. 하나님의 계획의 완전함은 너무나도 어려워 우리는 이해

조차 하지 못한다. 그러므로 '기다림의 장소'는 전적으로 하나님께 기댈 수밖에 없는 곳, 심지어 한 치 앞도 보이지 않아 낭떠러지 아래로 발을 내딛는 것 같아 보일 때라도 하나님을 철저하게 믿고 의지할 수밖에 없는 곳으로 우리를 데려간다.

우리는 우리 자신의 타이밍이 아니라 하나님의 타이밍에 맞춰 살아야만 가장 잘 살아갈 수 있다는 것을 언제나 굳센 믿음으로 믿어야 한다. 우리는 우리가 공언(公言)하는 믿음대로 살아야 한다. 하나님께서는 모든 것들을 선(善)을 위해 사용하신다고 말씀하신다. 우리는 그 말씀을 굳게 믿어야 한다.

우리가 알거니와 하나님을 사랑하는 자 곧 그의 뜻대로 부르심을 입은 자들에게는 모든 것이 합력하여 선을 이루느니라 롬 8:28

만일 하나님께서 모든 것이 합력하여 선을 이루도록 역사하신다면, 우리를 군이 '기다림의 장소'로 데려가시는 이유는 무엇일까?

| 기다림의 장소로 데려가시는 이유 | 하나님께서는 우리가 하나님에 대해 질문을 제기할 때와 마찬가지로 우리에게 질문을 하신다. 하나님께서는 우리가 기다림의 장소에서 우리 자신에게 질문하게 하신다. 우리 자신의 믿음에 대해 질문하게 하신다. 또 다른 이유는 우리가 기다림의 장소에 있을 때, 하나님께서 우리의 주의를 끄실

수 있고, 우리 마음의 실체를 밝혀 우리를 하나님께 더욱 가까이 끌어당길 수 있기 때문이다.

그리고 하나님께서 우리 마음의 실체를 밝히실 때, 우리는 인정하기 싫지만 우리가 이스라엘 백성과 많이 닮았다는 것을 깨닫는다. 하나님께서 우리를 위해 하신 모든 것들에도 불구하고 우리가 가장 어두운 시기를 지날 때면 우리는 여전히 불평하고 하나님을 의심하기 때문이다. 우리가 기다림의 장소에 있을 때, 그 광야의 열기는 다음의 것들을 명백하게 밝혀낸다.

· 우리가 하나님을 의심하고 있다는 것
· 주변의 모든 것들을 두려워하고 있다는 것
· 우리 힘으로 환경을 통제하려 한다는 것
· 반항적인 본성을 갖고 있다는 것
· 교만하다는 것
· 하나님의 자리를 대신하려 한다는 것
· 하나님을 믿고 의지하려 하지 않는다는 것

하나님께서는 우리가 편안하게 인생길을 지나면, 우리 마음 안에 감추어진 심각하고 중요한 문제들을 간과하게 된다는 것을 알고 계신다. 우리는 우리 삶의 외적 환경에 주의를 집중하지만, 하나님께서는 우리의 내적 상태에 주의를 집중하신다.

하나님께서 우리를 기다림의 장소로 데려가시는 또 다른 이유는, 우리가 저질러 오던 죄를 더 이상 짓지 않게 하기 위해서이다. 하나님께서는 기다림의 장소에 담긴 하나님의 뜻을 이루는 데 필요한 만큼 우리를 기다림의 장소에 머물게 하신다. 우리를 바로 잡아주기 위해 하나님께서 하셔야 할 일들이 정말 많다. 따라서 우리는 우리가 원하는 것보다 더 오래 기다림의 장소에 머무르게 될 수도 있다.

하나님께서는 우리 마음이 죄로 가득하다는 것을 알려주실 때, 하나님께서 우리 삶에서 행하신 많은 이적들을 우리가 너무 빨리 잊어버리고 있다는 것과 하나님의 공급하심과 능력을 쉽게 망각한다는 것을 가르쳐주신다. 하나님께서는 우리를 가장 깊은 골짜기로 내려 보내 우리의 불신앙을 실제로 확인하고 목격하도록 하신다.

또 우리가 하나님을 언제든지 우리 원하는 때에 우리가 원하는 방식으로 도와주시는 분으로 당연하게 여기고 있는 것을 일깨워주신다. 그리고 그렇게 순간순간 가르치고 일깨우시며 우리를 하나님과 더욱 친밀한 자리로 부르신다. 우리는 기다림의 장소에 있을 때, 우리가 우리 삶의 모든 것들을 통제하는 것이 아니라 하나님께서 다스리시는 것을 깨닫는다.

우리가 그러한 진리를 빨리 깨달으면 깨달을수록 우리는 하나님과 함께 앞으로 나아가고자 하는 마음을 더 많이 갖게 된다.

| **굳게 믿고 의지하는 것** | 하나님께서는 이스라엘 백성들을 택하신 것처럼 우리를 택하셨고, 우리가 광야를 지나갈 수 있도록 길을 만들어주셨다. 하나님께서는 우리가 기다림의 장소에 있을 때에도 우리에게 침묵하실 때에도 여전히 우리를 위해 일하신다. 하나님께서는 우리가 하나님과 함께 영원히 살 수 있도록 준비시키기 위해 많은 것들을 하신다.

그러므로 하나님이 홍해의 광야 길로 돌려 백성을 인도하시매 출 13:18

기다림의 장소는 표면적으로 보이는 것 이상으로 중요하다. 우리가 그곳에서 광야의 혹독한 열기와 싸우며 우리의 필요와 부족때문에 끝없이 분투할 때, 하나님께서는 우리가 하나님만이 우리의 필요임을 그러한 환경으로 보여주시기 때문이다. 하나님께서는 우리를 인도하고 계신 이가 하나님이라는 것을, 혹독한 기다림의 장소에서 뜨거운 광야의 열기로 고생하더라도 그곳으로 우리를 인도하신 이가 하나님이라는 것을 꼭 기억하기를 바라신다. 우리를 그러한 광야로 이끄신 데에는 하나님의 분명하고 선한 목적이 있으며, 하나님을 믿고 의지하는 법을 가르치기 위한 것이라고 확신하길 바라신다. 그리고 무엇보다도 우리가 하나님께서 반드시 우리의 상황 속으로 들어오실 것이라 기대하기를 바라신다.

예수께서 이르시되 내 말이 네가 믿으면 하나님의 영광을 보리라 하지 아니하였느냐 요 11:40

하나님께서는 우리가 기다림의 장소에서 하나님을 기다릴 때, 하나님을 찾음으로 현재의 고단한 환경에 만족함으로 하나님의 응답을 받기 위한 준비를 하길 바라신다.

혹독한 기다림의 장소에서 곤고한 삶을 있는 그대로 기쁘게 누리는 것은 눈에 보이는 것과 관계없이 하나님을 굳게 믿으며, 하나님께서 준비하신 축복을 받을 준비를 하고, 믿음으로 걷는 법을 알고 있다고 하나님께 보여드린다는 뜻이 되기 때문이다. 또한 하나님께서 우리의 삶을 통해 하나님의 뜻을 이루는 데 필요한 만큼 기꺼이 기다릴 것이라고 하나님께 아뢰는 뜻을 갖기 때문이다.

믿음으로 사는 사람은 무슨 일을 당하든지 하나님께 감사드리고, 하나님을 믿는 믿음을 나타내고, 하나님이 우주만물을 주권적으로 통치하시는 하나님이라는 믿음을 따라 살아간다. 그러므로 우리가 진정으로 하나님을 믿고 의지한다면, 하나님이 성경에서 자신에 대해 말씀하신 그 하나님이라는 것을 정말로 믿는다면, 우주만물을 주권적으로 다스리시는 하나님이라는 것을 진짜 믿는다면, 우리 영혼은 어떤 상황에 처하든지 당연히 만족해야 할 것이다.

사도 바울은 빌립보서에서 다음과 같이 말했다.

내가 궁핍하므로 말하는 것이 아니니라 어떠한 형편에든지 나는 자족하기를 배웠노니 나는 비천에 처할 줄도 알고 풍부에 처할 줄도 알아 모든 일 곧 배부름과 배고픔과 풍부와 궁핍에도 처할 줄 아는 일체의 비결을 배웠노라 빌 4:11,12

이것이 비밀이다. 이것이 바로 하나님을 믿고 의지하는 것이다. 이것이 바로 무엇이 필요하든지 오로지 하나님께 기대는 것이다. 이것이 바로 보이는 것이 아니라 믿음으로 행하는 것이다. 이것이 바로 그리스도 안에 견고하게 기초한 만족이다.

| 믿음의 길에서 자주 낙심하는 이유 | 잘 듣길 바란다. 하나님을 기다리는 것은 결코 시간을 낭비하는 것이 아니다. 아무것도 하지 않는다는 것을 뜻하는 게 결코 아니다. 하나님께서는 '기다림의 시간'을 우리가 상상하는 것 그 이상으로 훨씬 더 큰 하나님의 목적을 위해 사용하신다. 그러니 기다림의 시간들을 잘 활용하여 하나님께 더욱 가까이 가라. 힘을 얻어 앞에 놓인 것들을 향해 나아가라.

우리가 기다림의 장소에서 하나님을 기다릴 때, 하나님께서는 우리가 하나님과 동행할 수 있게 만들어가신다. 기도의 응답을 받을 수 있게 준비시켜주신다. 하나님을 믿고 의지하라. 절대 당신을 낙심시키지 않으실 것이다.

네가 나를 여호와인 줄을 알리라 나를 바라는 자는 수치를 당하지 아니하리라 사 49:23

기다림의 장소에서 하나님을 기다릴 때 종종 시간을 낭비하는 것처럼 보일지라도, 아무 일도 일어나지 않는 것처럼 보이더라도, 하나님께서 우리를 망각하신 것처럼 느껴질지라도, 그러한 외적 환경의 이면에 있는 진상을 정확하고 분명하게 파악해야 한다. 그래서 거짓된 삶이 아니라 참된 삶을 살아가야 하며, 우리가 하나님을 믿는 믿음을 분명히 드러내면 하나님께서 우리를 절대 놓지 않으신다는 것을 분명하게 깨달아야 한다.

우리가 믿음의 길에서 빈번하게 낙심하는 까닭은, 하나님께서 우리를 버리셨기 때문이 아니다. 우리가 하나님을 너무나 자주 버리기 때문이다. 기다림의 장소에 하나님이 계시지 않기 때문이 아니라 하나님이 그곳에 계시다는 것을 우리가 인정하지 않기 때문이다. 그래서 우리가 이런저런 걱정에 압도되어 불안하게 앉아 기다릴 때, 하나님께서는 작고 조용한 음성으로 말씀하신다.

"너희 믿음이 어디 있느냐?"

| 나를 꽉 붙잡고 계시는 하나님 | "나는 하나님을 믿고 의지하는가, 그렇지 않은가?"

믿음의 삶을 살아가는 동안 지속적으로 해야 하는 결단 가운데

하나이다. 이 질문을 스스로에게 던지고 결단하는 것이 중요하다. 하나님께서 당신을 꽉 붙잡고 계신다는 것을 믿는가? 하나님을 믿고 의지하는가? 이것은 당신이 가장 정직하게 대답해야 하는 질문이요, 당신의 삶의 결과를 좌우하는 믿음의 결단이다.

플로리다의 한 소년에 관한 이야기이다. 유난히도 뜨거웠던 어느 해 여름, 플로리다에 사는 한 소년이 집 뒤편에 있는 물웅덩이에서 수영을 하려고 했다. 소년은 한시라도 빨리 물에 들어가고 싶은 마음에 신발과 양말, 옷을 뒤뜰에 벗어던지면서 웅덩이로 뛰어갔다. 그렇게 풍덩 뛰어들어 물장구를 치기 시작했다. 그런데 웅덩이 한가운데쯤 이르렀을 때, 악어 한 마리가 소년에게로 다가오고 있었다. 하지만 소년은 헤엄을 치느라 악어를 보지 못했다.

그때, 소년의 엄마가 집에서 무심코 창 밖을 내다보다 악어와 아들의 거리가 점점 가까워지는 것을 보게 됐다. 소년의 엄마는 기겁을 하여 밖으로 나와 아들에게 소리를 지르며 웅덩이로 뛰어갔다. 엄마의 다급한 목소리를 들은 소년은 위급한 일이 벌어졌음을 알아차리고 방향을 틀어 엄마 쪽으로 헤엄치기 시작했다.

하지만 너무 늦었다. 소년이 웅덩이 가장자리에 다다랐을 즈음, 악어도 소년의 바로 뒤에 이르렀고, 결국 악어는 소년의 다리를 물었다. 바로 그 순간, 웅덩이 가장자리에 세워진 간이 부두 위에 엎드린 소년의 엄마가 손을 뻗어 아들의 팔을 붙잡았다. 엄마와 악어가 소년을 가운데 두고 벌이는 믿기 힘든 끔찍한 줄다리기가 시작됐다.

악어는 그녀보다 훨씬 힘이 셌지만, 아들을 너무나 사랑하는 소년의 엄마 역시 아들의 팔을 붙잡은 손을 절대 놓을 수 없었다. 그때 농부가 트럭을 타고 근처를 지나가다 그녀의 비명소리를 듣고 달려왔다. 그리고 트럭에 있던 총으로 악어를 쐈다. 천만다행으로 소년은 병원으로 옮겨졌고, 몇 주 뒤 회복되었다.

| 자랑스러운 흉터와 상처 | 소년의 다리에는 악어의 공격을 당한 깊은 흉터가 남았다. 또 팔에도 진한 상처가 남게 됐다. 팔에 난 상처는 사랑하는 아들을 악어에게 빼앗기지 않으려고 있는 힘을 다해 아들의 팔을 붙잡은 엄마의 손톱자국이었다.

사고의 충격이 어느 정도 가신 뒤, 신문기자가 소년과 인터뷰를 하던 중 그 상처를 보여줄 수 있느냐고 물었다. 소년은 바지를 걷어 올려서 다리에 난 상처를 보여주었다. 그리고 자랑하듯 기자에게 말했다.

"제 팔도 보세요. 팔에도 큰 상처가 있거든요. 엄마가 나를 악어한테 빼앗기지 않으려고 꼭 붙잡아주었기 때문에 생긴 상처에요."

우리는 우리를 향한 하나님의 사랑에 대해 곰곰이 생각할 때, 소년이 했던 이 말을 우리 삶에 연결해볼 수 있다. 원수 마귀는 악어처럼 우리를 계속 잡아당긴다. 있는 힘을 다해 끌어당겨 우리에게 상처를 입힌다. 우리는 아픈 과거의 상처를 갖고 있다. 우리에게 흔적을 남겨놓은 죄의 흉터를 갖고 있다.

그러나 절대 잊으면 안 되는 중요한 것이 있다. 그것은 바로 그 흉터 중 몇 가지는 하나님께서 우리를 붙잡고 놓지 않으셨기 때문에 생긴 것이다. 당신이 지금까지 무슨 일들을 겪어왔든지, 하나님께서는 그 모든 일 한가운데서 당신을 꽉 붙잡고 계신다. 당신이 '기다림의 장소'에서 아픔과 고통을 이겨내려 분투할 때, 하나님께서는 당신을 절대 놓지 않으신다.

| 만족과 평화의 장소 | 당신이 하나님을 기다릴 때, 어려운 상황들 속에서 고투할 때 하나님께서는 당신의 믿음을 더하여 하나님께 가까이 오게 하신다.

하나님께서는 당신이 생각하는 것보다 더 놀라운 방식으로, 당신이 도무지 예상하지 못한 방식으로, 당신의 믿음을 완전히 변화시키는 방식으로 당신에게 하나님을 밝히 드러내 보이기를 원하신다. 하나님께서는 당신을 만족과 평화의 장소로 데려가기를 원하신다. 하나님께서 당신을 꽉 붙잡으시며, 모든 것들을 다스리시며, 삶의 세세한 면면을 두루 살피신다.

당신은 하나님의 길을 이해하지 못할 수 있고, 심지어 하나님께서 하시는 일들을 어렴풋하게라도 알아차리지 못할 수도 있다. 그러나 하나님의 말씀을 굳게 믿고 의지하기만 하면, 하나님께서 모든 것들이 합력하여 선을 이루도록 역사하신다는 것과 언제나 당신과 함께하신다는 것, 당신을 혼자 내버려두지도 않으시고 결코 버리지 않으신다는 것을 명백한 증거로 알 수 있다.

　우리는 하나님을 기다릴 때, 하나님을 통하여 평화를 발견할 수 있다. 동화 작가 닥터 수스가 '기다림의 장소'를 완전히 오해했다는 것, 즉 '기다림의 장소'가 결코 헛된 곳이 아니라는 것을 알 수 있다. 사실 기다림의 장소는 하나님께서 우리의 유익을 위해 가장 유용하게 사용하시는 곳이다.

　거기에서 언제나 당신을 위한 가장 좋은 것들을 아시는 하나님을 믿고 의지할 때, 당신의 영혼은 큰 힘을 얻어 위로 비상할 것이다. 다시 한 번 하나님을 발견할 것이고, 평화롭게 믿음의 여정을 지속할 것이며, 쉼을 얻을 것이다. 당신은 하나님을 볼 때, 참된 기쁨을 얻을 것이다.

　이 모든 것들은 가장 유용한 곳, '기다림의 장소'에서 일어난다.

CHAPTER 8

기다림은
놀라운 약속을 발견하게 한다

우리의 영혼은 좀처럼 분간하지 못하지만, 우리는 그것을 무엇보다 더 갈망한다. 우리의 영혼은 갈망하지만 가장 필요한 평화를 얻지 못한다. 우리가 시련과 환난을 지나는 내내, 우리의 영혼은 우리가 알고 있는 인생의 매우 하찮은 것들과 알지 못하는 매우 중요한 것들 사이에서 이리 밀리고 저리 밀린다.

그러나 발걸음을 멈추고 서서 하나님의 음성에 귀를 기울일 만큼 충분히 오래 서 있으면 하나님께서 산꼭대기에서 우리를 기다리신다는 것, 하나님의 침묵이 우리를 산꼭대기에서 부르신다는 것을 깨닫게 된다. 하나님께서는 전망이 좋은 다른 지점에서 내다본 골짜기의 전경을 우리에게 보여주기를 원하신다.

| 필요한 것을 주시는 하나님 | 우리는 하나님께서 우리의 두려움을 말끔히 휩쓸어가는 폭풍을 통해 우리에게 말씀하시고 역사하시기를, 혹은 뒤죽박죽 어질러진 세상의 모든 것들을 제자리에 놓으심으로 말씀하시고 역사하시기를 기대한다. 우리는 하나님께서 우리의 아픔과 고통을 소멸하는 불로 임하시고 하늘로부터 나타나 평화를 안겨주는 것이 하나님에게 딱 어울리는 모습이라고 생각한다. 그러나 하나님께서는 그런 식으로 나타나지 않으신다. 오히려 하나님께서는 우리 삶의 모든 혼란 한가운데서 조용히 속삭이신다.

> 여호와께서 이르시되 너는 나가서 여호와 앞에서 산에 서라 하시더니 여호와께서 지나가시는데 여호와 앞에 크고 강한 바람이 산을 가르고 바위를 부수나 바람 가운데에 여호와께서 계시지 아니하며 바람 후에 지진이 있으나 지진 가운데에도 여호와께서 계시지 아니하며 또 지진 후에 불이 있으나 불 가운데에도 여호와께서 계시지 아니하더니 불 후에 세미한 소리가 있는지라 엘리야가 듣고 겉옷으로 얼굴을 가리고 나가 굴 어귀에 서매 소리가 그에게 임하여 이르시되 엘리야야 네가 어찌하여 여기 있느냐 왕상 19:11-13

인생은 예측할 수 없다. 하나님도 그러하다. 물론 하나님의 길을 알게 되면, 하나님의 전체적인 계획이 언제나 동일하다는 것, 즉 우리를 구속하여 순금으로 제련하는 것이라는 사실도 알게 되지만,

하나님께서는 우리가 직장을 잃었을 때, 불치병에 걸렸을 때, 주변 사람들과의 관계가 어려워져 마음고생할 때, 뜻밖의 불행을 당하면 어쩌나 염려할 때 평화를 주시길 원하신다. 하나님께서는 우리가 원하는 것 대신 우리에게 필요한 것을 주신다. 우리가 인생의 어두운 골짜기를 다 빠져나올 때까지 결코 변하지 않는 초자연적인 평온함을 주신다.

| **하나님의 평화는 행복이 아니다** | 하나님께서 주시는 평화는 세상이 주는 평화와 같지 않다. 하나님께서 주시는 평화는, 우리가 보통 생각하는 그런 행복이 아니다. 우리는 평화를 찾기 위해 엉뚱한 곳들로 달려간다. 우리는 평화를 얻었다고 생각한다. 그러나 곧 다시 잃는다. 우리가 죄악의 어둠 속을 걷고 있는 한, 어떤 평화든 가질 수 있으리라는 소망을 품을 수 없다.

> 의인은 없나니 하나도 없으며 깨닫는 자도 없고 하나님을 찾는 자도 없고 … 선을 행하는 자는 없나니 … 파멸과 고생이 그 길에 있어 평강의 길을 알지 못하였고 롬 3:10-17

하지만 하나님을 계속 따라갈 때 길 하나를 즉, 평화에 이르는 길을 우연히 만난다. 그러나 우리가 걷기를 기대했던 길이 아니라는 것을 알게 된다. 우리는 믿음의 길로 걸으리라 결단하고 하나님을 따라 나선다. 그러나 하나님께서는 우리가 예상했던 것과 전혀 다른 길로 우리를 인도하신다. 하나님께서는 다시 한 번 길을 보여주시며, 선택을 우리의 몫으로 남겨놓으신다.

우리는 하나님을 따라 믿음의 길을 간다. 그리고 어느 지점에 이르러 갈림길을 만난다. 그럴 때에는 하나님께서 이끄시는 길을 믿고 의지해야 한다. 하나님께서는 우리를 어두운 골짜기로 이끄실지라도 끝까지 동행해주신다. 그 골짜기를 통과하는 데 필요한 모든 것들을 공급해주신다. 하나님께서는 우리가 하나님과 함께 인생길을 걸으면서 역경의 골짜기를 지나기를 원하실 뿐만 아니라 그 역경의 골짜기를 통해 하나님의 평화를 체험하기를 바라신다.

| 평화에 이르는 길 | 하나님의 평화에 이르는 그 길은, 하나님을 굳게 믿고 의지함으로써 걸을 수 있다. 하나님을 굳게 믿고 의지한다는 것은 장차 우리의 삶에 어떤 일이 일어날지 정확히 아는 것에 만족하는 것이 아니라, 우리 앞에 무엇이 놓여 있든지 하나님께서 돌보실 것을 확신하고 만족하는 것이다. 여기서 다시 한 번 '거룩한 교환'이 이루어진다. 우리가 모든 두려움과 불안을 하나님께 내어놓으면, 하나님께서 우리에게 결코 사라지지 않는 참된 평화를 주시기 때문이다.

그러나 그렇게 하기가 말처럼 그리 쉽지 않다. 그렇지 않은가? 우리는 알려고 한다. 우리의 미래가 어떤지 알 수만 있다면, 상당한

평화를 얻을 수 있을 것이고, 우리의 마음과 생각을 잔잔히 달래 편한 마음으로 현재의 일에 집중할 수 있을 것이라고 생각한다. 하지만, 우리의 미래가 어떻게 펼쳐질지 안다고해서 우리 마음에 깊은 평화가 찾아오는 게 아니라는 것을 스스로 잘 알고 있다.

하나님께서도 잘 알고 계신다. 하나님께서는 우리 자신의 지혜를 의지하지 말라고 강력히 명하신다. 우리의 지혜는 너무나 제한되어 있기 때문이고, 하나님의 길이 우리의 길보다 훨씬 더 좋기 때문이다. 우리가 생각해낼 수 있는 그 무엇도 하나님의 뜻과 비교할 수 없다.

너는 마음을 다하여 여호와를 신뢰하고 네 명철을 의지하지 말라 너는 범사에 그를 인정하라 그리하면 네 길을 지도하시리라 스스로 지혜롭게 여기지 말지어다 여호와를 경외하며 악을 떠날지어다 잠 3:5-7

인생의 모든 것들을 우리 힘으로 해결해보려고 이것저것 따지고 잴 때, 안간힘을 쓰며 힘겹게 나아갈 때, 우리는 평화를 빼앗긴다. 참된 평화를 얻으려면 하나님의 사랑과 능력을 추정하려 애쓰는 것을 중단해야 한다. 하나님께서 우리 삶의 모든 것들을 어떻게 풀어나가실지 계산하려 애쓰는 것을 중단해야 한다. 평화를 얻으려면 걱정을 중단해야 한다.

| **걱정을 압도하기** | 영화배우이자 칼럼니스트인 윌 로저스(Will Rogers)는 "걱정은 흔들의자와 같아서 계속 움직이지만 아무데도 데려가주지 못한다"라고 말했다. 걱정은 우리를 압도하는 힘을 갖고 있다. 우리 삶을 초췌하게 만든다. 자포자기의 절망적인 상태에 계속 가두어놓는다.

심리학자들은 우리가 하는 '걱정에 대한 진실'을 다음과 같이 말한다.

- 우리가 하는 걱정의 40퍼센트는 결코 일어나지 않는 것이다.
- 걱정의 30퍼센트는 이미 지나간 사건들에 관한 것이다.
- 걱정의 22퍼센트는 매우 사소한 사건들에 관한 것이다.
- 걱정의 4퍼센트는 우리 힘으로 변경할 수 없는 사건들이다.
- 걱정의 4퍼센트만이 우리가 조치할 수 있는 실제 사건이다.

핵심이 무엇인가? 우리가 하는 걱정의 96퍼센트가 우리 힘으로 제어할 수 없다는 것이다. 이것은 우리가 인생의 많은 시간을 걱정으로 낭비하고 있다는 의미이다. 하나님께서는 우리가 그렇게 시간 낭비하는 것을 기뻐하지 않으신다. 우리는 이 사실을 염두에 두고 '걱정'에 관한 진실 하나를 상기할 필요가 있다. 그것은 바로, 걱정이 우리의 문제를 해결해준 적이 단 한 번도 없다는 것이다.

| 걱정은 불순종의 죄 | 예수님도 우리에게 흥미로운 질문을 하신다.

> 너희 중에 누가 염려함으로 그 키를 한 자라도 더할 수 있겠느냐
>
> 마 6:27

이는 우리가 꼭 대답해야 할 질문이다. 물론 굳이 생각해보지 않아도 답을 뻔히 알 수 있는 명백한 수사학적 질문이다. 하지만 우리는 예수님이 아무 뜻 없이 질문하신 게 아니라는 것을 반드시 깨달아야 한다. 그렇다면 누구나 알 만한 질문을 하신 이유는 무엇일까?

그것은 우리의 걱정이 우리를 잘못된 방향으로 데려가고 있기 때문이다. 우리 마음의 잘못을 깨우쳐 우리가 하나님을 향하도록 돌아서게 하기 위해서이다. 하나님께서는 우리의 걱정을 명백한 죄로 여기신다. 그것이 죄인 까닭은 그 뿌리가 바로 불신앙이기 때문이다. 인정하기 싫겠지만 분명한 진리이다.

예수님의 또 다른 말씀을 주목해보자.

> 그러므로 내가 너희에게 이르노니 목숨을 위하여 무엇을 먹을까 무엇을 마실까 몸을 위하여 무엇을 입을까 염려하지 말라 목숨이 음식보다 중하지 아니하며 몸이 의복보다 중하지 아니하냐 마 6:25

예수님의 명령은 십계명의 명령과 다르지 않다. "하지 말라"라는

말은 매우 강한 표현이다. 해석할 필요도 오해의 소지도 없다. 그리고 만일 하나님께서 우리에게 무엇을 하지 말라고 명하셨다면, 거기에는 타당한 이유가 있다. 우리가 걱정한다는 것은 하나님을 믿는 믿음이 결여되었음을 입증하는 증거이다. 우리가 정말 하나님을 전적으로 믿고 의지하고 있다면, 걱정할 이유도 필요도 없다. 마태복음 6장에서 우리의 죄를 꿰뚫는 예수님의 예리한 음성을 다시 한번 들어보라.

> 또 너희가 어찌 의복을 위하여 염려하느냐 들의 백합화가 어떻게 자라는가 생각하여 보라 수고도 아니 하고 길쌈도 아니 하느니라 그러나 내가 너희에게 말하노니 솔로몬의 모든 영광으로도 입은 것이 이 꽃 하나만 같지 못하였느니라 오늘 있다가 내일 아궁이에 던져지는 들풀도 하나님이 이렇게 입히시거든 하물며 너희일까보냐 믿음이 작은 자들아 마 6:28-30

이 말씀은 얼핏 우리를 책망하는 것처럼 들리지만, 실상은 우리를 자유롭게 해준다. 예수님은 이 말씀을 통해 우리의 삶에 매우 심오하고 강력한 영향을 끼칠 평화에 이르는 길을 가르치신다.

무엇보다 우리는 걱정을 죄로 인정해야 하며, 우리의 죄를 지속적으로 자백해야 한다. 자백하지 않은 죄를 가지고 있는 한, 평화를 얻을 수 없다. 예수님은 마태복음 6장에서 걱정하지 말라고 세 번

(25절, 31절, 34절) 명령하신다. 이는 걱정이 하나님의 명령에 순종하지 않는 불순종의 죄라는 것을 의미한다.

하나님께서는 걱정할 필요가 없다고 우리에게 말씀하신다. 쓸데 없는 걱정을 하면서 살아갈지, 아니면 하나님을 신뢰하면서 살아갈 지 선택하라고 말씀하신다. 우리가 우리의 죄에 대한 책임을 질 수 있고, 또 거기에서 돌아설 수 있다고 가르치신다.

우리가 걱정이라는 죄를 하나님 앞에서 자백하면, 하나님께서는 우리의 마음과 생각을 지켜줄 평화를 주실 것이다. 그것은 우리에 게 반드시 필요한 평화이다. 그 평화는 인생의 혼란스러움으로부터 우리를 지켜줄 하나님의 평화이다.

아무것도 염려하지 말고 다만 모든 일에 기도와 간구로, 너희 구할 것 을 감사함으로 하나님께 아뢰라 그리하면 모든 지각에 뛰어난 하나 님의 평강이 그리스도 예수 안에서 너희 마음과 생각을 지키시리라

빌 4:6,7

| 믿는 사람답게 살아라 | 하나님께서는 걱정하는 대신 기도하라고 명하신다. 우리가 '하나님은 정말 믿고 의지할 수 있는 분이시다' 라는 것을 배우는 때가 바로 기도할 때, 하나님과 하나님의 약속을 찾을 때이다.

우리는 하나님을 믿는다고 말한다. 진정 그렇다면 당연히 믿는

사람답게 살아야 한다. 우리는 하나님이 존재하지 않는 것처럼 살아가는 대신, 하나님을 굳게 믿고 의지해야 한다. 사실 우리가 갖고 있는 문제는 걱정이 아니다. 우리가 갖고 있는 진짜 문제는 믿음의 부족이다. 우리의 걱정은 하나님의 사랑과 능력, 지혜에 대한 부정(否定)이다.

받아들이기 어렵겠지만, 하나님께서는 그 크신 사랑과 지혜로 울부짖으며 하나님의 자비를 구할 수 있는 곳으로 우리를 데려가신다. 우리는 의심과 절망의 순간, 걱정에 압도당하는 순간에도 헛되이 돌아오지 않을 하나님의 약속 위에 있을 수 있다.

내 입에서 나가는 말도 이와 같이 헛되이 내게로 되돌아오지 아니하고 나의 기뻐하는 뜻을 이루며 내가 보낸 일에 형통함이니라 사 55:11

하나님께서는 믿을 수 없을 만큼 우리에게 놀라운 약속들을 주신다. 그 약속들 위에 우리 삶의 토대를 닦게 하신다. 하지만 우리는 "너는 마음을 다하여 여호와를 신뢰하고 네 명철을 의지하지 말라"(잠 3:5)라는 하나님의 명령을 정면으로 거스른다. 그리고 마음을 다하여 하나님을 신뢰하는 대신 우리 자신의 명철을 의지하여 인생의 위기상황을 만날 때마다 걱정에 굴복한다.

사실 우리는 우리의 기도가 하나님의 보좌는커녕 천국 문 앞에조차 이르지 못하는 것 같은 느낌이 들어도 기도는 계속한다. 하지만 찬양하는 것은 자주 잊어버리는 것 같다. 찬양은 우리의 의심을 믿음으로 바꾸고 걱정을 제거한다. 우리가 찬양할 때, 그 찬양은 "하나님께서 이루셨으니"라고 말하는 것과 같다. 하나님께서 주시는 것들을 사모해서가 아니라 하나님 한 분만을 사모해서 찬양하는 것이다. 찬양과 걱정을 동시에 하는 것은 불가능하다.

우리는 걱정의 길에서 한 걸음 비켜나는 법을 배워야 한다. 우리가 우리의 삶에서 이룰 수 있는 것보다 훨씬 더 많은 것들을 하나님께서 이루실 수 있다는 것을 믿어야 한다. 우리는 의구심이 들더라도 하나님을 믿어야 할 필요가 있다. 하나님께서 우리 눈에 보이는 것보다 훨씬 더 분명한 목적과 의도를 가지고 우리의 삶에서 역사하신다는 것을 깨달을 필요가 있다. 하나님께서 진정 역사하고 계신다면, 우리는 그저 편히 쉴 수 있다.

수고하고 무거운 짐 진 자들아 다 내게로 오라 내가 너희를 쉬게 하리라 마 11:28

| 멈춰야 할 것, 시작해야 할 것 | 쉼(休), 그것이야말로 우리에게 절실히 필요한 것이다. 우리는 우리의 애쓰는 열심을 즉각 멈추고 단순하게 믿고 의지할 필요가 있다. 많은 사람들이 '걱정'과 '쉼'에 대해서 말했다.

성경적 직원 교육으로 유명했던 기업 '홈 인테리어&기프트'의 창

업자 메리 크로울리(Mary C. Crowley)는 걱정에 대해 이렇게 말한다.

당신의 모든 걱정을 하나님께 넘겨드린다면, 하나님은 당신의 그 말을 듣느라 밤을 꼬박 지새워야 할 것이다.

영국의 신학자이며 성공회 주교인 윌리엄 잉(William Ralph Inge, 1860-1954)은 걱정을 이렇게 말한다.

걱정은 문제가 만기가 되기 전에 선불해두는 이자이다.

2차 세계대전 때 나치 수용소에서 살아남아 전 세계에 다니며 용서의 복음을 전한 코리 텐 붐(Corrie ten Boom, 1892-1983) 여사는, 어떤 걱정이든 우리 마음에 짐이 되는 것들은 기도로 가져갈 수 있다는 의미로 걱정에 대해 말한다.

어떤 걱정이든 너무나 하찮아 기도로 가져가지 못할 것들은 지극히 하찮아 짐이 되지도 못한다.

무명의 어떤 저자는 이렇게 말한다.

오늘은 우리가 어제 걱정하던 내일이다.

또 다른 무명의 저자는 말한다.

마음의 평화를 얻으려면 우주의 총괄지배인 자리에서 물러나라.

또 다른 무명의 저자 역시 걱정에 대해 이렇게 말한다.

하나님께서 이미 내일에 계시니 내일을 걱정하지 말라.

이밖에도 우리는 걱정의 무익함에 대해, 하고 싶은 말들을 얼마든지 더 할 수 있다. 그러나 우리는 여전히 걱정에 압도되곤 한다. 거기에는 이유가 있다. 바로 원수가 있기 때문이다. 그 원수는 우리가 하나님을 향한 신뢰를 단언하는 순간, 불청객의 모습으로 우리 영혼의 문간에 불쑥 모습을 드러내고, 안으로 들어오려고 기를 쓴다. 자주 완력으로 밀치고 들어오기도 한다.

| 당신의 원수를 알라 | 당신의 원수는 사람이 아니다. 삶의 고달픈 환경도 아니다. 물론 하나님도 아니다. 당신의 원수는 바로 사탄이다. 사탄이 존재한다는 사실을 빨리 인정할수록 당신은 실제로 벌어지고 있는 영적인 믿음의 전투에서 신속하게 전투태세를 갖출 수 있다. 좋든 싫든, 당신은 지금 당신의 영혼을 놓고 벌어지는 전쟁에 참전하고 있다. 물론 당신의 대적은 혈(血)과 육(肉)이 아니다. 당신

은 지금 하늘에 있는 영적인 세력들과 전투를 벌이고 있다.

> 우리의 씨름은 혈과 육을 상대하는 것이 아니요 통치자들과 권세들
> 과 이 어둠의 세상 주관자들과 하늘에 있는 악의 영들을 상대함이라
> 엡 6:12

사탄은 당신이 하나님을 굳게 믿고 의지할 것을 결단할 때마다 당신 마음의 문 밖에서 거칠게 문을 두드린다. 아마 당신은, 믿음이 연약할 때 사탄이 당신을 삼켜버릴 것이라고 생각할 것이다. 하지만 사탄은 이미 자신의 것이 된 사람들에게는 관심을 쏟지 않는다. 사탄은 자신의 권세에 위협이 되는 강인한 믿음을 가진 사람들을 넘어트리는 데 관심을 쏟는다.

당신이 흔들리지 않는 믿음을 보일 때, 사탄은 분명 당신을 흔들어 쓰러트리려고 공격할 것이다. 하나님의 능력이 나오고, 영혼이 구원받고, 하나님의 모든 약속들이 이루어지는 것이 믿음으로 말미암는다는 것을 사탄은 잘 알고 있다. 그래서 우리가 하나님께 모든 것을 맡길 때, 우리의 연약함이 강함으로 바뀌어 용맹한 전사가 된다는 것도 사탄은 잘 안다.

뉴욕 타임스스퀘어교회 설립자이자 빈민 사역에 앞장섰던 데이비드 윌커슨(David Wilkerson) 목사가 말한 그대로, 믿음은 믿음을 소유한 사람들을 지탱해주고, 사탄은 이 사실을 완벽하게 잘 알고 있

다. 그러므로 하나님께서는 사탄과 사탄이 일하는 방식에 대해 성경 전반에 걸쳐 우리에게 경고하신다. 믿음의 전장에서 사탄과 맞서 싸울 때, 믿음을 던져버리고 싶은 유혹을 받게 될 것이라고 주의를 주신다. 인생이 고달파지고 싸움이 더욱 맹렬해질 때, 진리의 길을 떠나 우리 자신의 길을 걷고 싶은 유혹을 받게 될 것이라고 우리의 주의를 환기시키신다.

진리에 관하여는 그들이 그릇되었도다 딤후 2:18

| 누구의 말이 진실일까? | 사탄은 교묘하게 당신의 믿음에 접근한다. 패배주의의 거짓말을 당신의 삶에 속삭이고, 더 이상은 소망이 없으니 믿음을 버리라고 당신을 설득한다. 당신이 하나님을 굳게 믿고 의지하는 것에 마음을 고정하면, 그보다 사탄의 나라에 위협이 되는 것이 없기 때문에 어떻게든 당신의 믿음을 파괴하려고 필사적으로 애쓴다.

그래서 사탄은 자신의 정체를 분명하게 드러내는 대신 잠시 차한 잔 마시며 이야기를 나누자고 당신을 초대한다. 사탄은 자신의 전략을 뻔히 드러내길 원하지 않는다. 그만큼 교활하다.

이렇게 당신은 사탄과 대화하기 시작한다. 그리고 사탄이 조목조목 옳은 말만 하는 것처럼 느껴질 때, 사탄과 대화하기를 잘했다는 생각이 든다. 사탄은 당신을 설득하려고 애쓸 것이다.

"네가 처한 어려운 상황은 벗어날 길이 없어. 상황은 점점 더 악화될 뿐이야. 그러니 얼른 네 힘으로 무엇인가를 해야 해. 너는 충분히 오랫동안 하나님을 기다렸잖아. 하지만 하나님은 너를 도우러 오지 않았잖아!"

계속해서 사탄은 당신에게 충분한 믿음이 없다는 것, 어둠의 골짜기 끝으로 통과할 만한 충분한 믿음이 없다는 것을 지적한다. 그렇지만 당신은 진실의 종이 울리는 순간, 예수님의 말씀을 상기한다.

너희 믿음이 작은 까닭이니라 진실로 너희에게 이르노니 만일 너희에게 믿음이 겨자씨 한 알 만큼만 있어도 이 산을 명하여 여기서 저기로 옮겨지라 하면 옮겨질 것이요 또 너희가 못할 것이 없으리라

마 17:20

누구의 말이 진실일까? 예수님과 사탄 둘 중에 누군가가 거짓말을 하고 있는 게 분명하다. 순간 사탄이 당신에게 질문한다.

"그래서 네가 산을 옮겼어?"

당신이 사탄의 주장을 반박하려 하지만, 재정적인 문제로 여전히 골치를 앓고 있을 때, 병원에 입원한 자녀가 생사의 기로에 있을 때, 당신의 배우자가 알코올중독에서 여전히 헤어나지 못하고 있을 때에는 그렇게 하기가 결코 쉽지 않다. 그리고 그런 상황에서는 사탄의 말이 진실인 것처럼 느껴진다.

"하나님은 널 도우러 오지 않을 거야!"

| **고통과 아픔이 연장될 때** | 사탄은 이렇게 일단 당신의 주의를 끌었다는 것을 확인하는 순간, 다음 단계의 작전을 개시한다. 당신을 고통스럽게 하는 장본인이 실은 하나님이라는 생각이 들게 만든다. 사탄은 큰 소리로 당신에게 질문한다.

"세상에나! 하나님이 정말 사랑의 하나님이라면, 어떻게 네가 지금 겪고 있는 아픔과 고통을 허락할 수 있는 거지?"

그리고 당신이 곰곰이 생각하는 틈을 타, 하나님을 굳게 믿고 의지한다고 단언했지만 오히려 비극적인 사건들과 질병과 심지어 죽음을 맞이해야 했던 모든 그리스도인들을 당신의 마음에 상기시키기 시작한다. 그리고 당신의 믿음이 약해졌음을 감지하는 순간, 그 부분을 집요하게 붙잡고 늘어지면서 노골적으로 질문한다.

"하나님이 네 기도에 응답해줄 거라고 생각하는 이유가 뭐야?"

이쯤 되면 사탄은 당신을 자기 것으로 만들었다는 것을 안다. 그래서 한 가지 거래를 제안한다.

사탄은 당신이 부당하게 고통을 당하고 있으며, 오로지 자기만이 당신을 위해 모든 것들을 바로잡아줄 수 있다고 확신시킨다. 자기와 함께 잠시만 동행하면 그 사실을 분명히 입증해 보이겠고, 피할 길을 보여주겠다고 약속한다. 당신은 사탄의 제안을 선뜻 받아들인다. 그리고 일시적인 평화를 발견한다. 하지만 단기적인 효과를 낳는 사탄의 방책이 장기적인 비극을 낳는다는 사실을 결코 깨닫지 못한다. 사탄의 거짓말에 속았다는 것을 깨닫는 슬픈 날이 되어야 비로소 그 사실을 알게 된다.

> 너희는 너희 아비 마귀에게서 났으니…그는…진리가 그 속에 없으므로 진리에 서지 못하고 거짓을 말할 때마다 제 것으로 말하나니 이는 그가 거짓말쟁이요 거짓의 아비가 되었음이라 요 8:44

고통과 아픔이 길어지고 영혼이 곤고해질 때, 우리는 사탄의 거짓말에 쉽게 넘어간다. 사탄은 우리를 계속 절망의 상태에 두기 위해, 평화와 기쁨을 강탈하기 위해 일한다. 사탄이 우리의 삶에 들어오는 데는 분명한 목적이 있다. 훔치고 죽이고 파괴하기 위함이다.

> 도둑이 오는 것은 도둑질하고 죽이고 멸망시키려는 것뿐이요 내가 온 것은 양으로 생명을 얻게 하고 더 풍성히 얻게 하려는 것이라
>
> 요 10:10

사탄은 당신에게서 기쁨을 빼앗지 못할 때, 당신의 구원이 그리스도 안에 확고하여 어떻게도 건드리지 못할 때, 당신의 평화를 죽이고 파괴하기 위해 정말 부지런히 일할 것이다. 사탄은 당신을 통째로 집어삼킬 날을 기다리면서 지금도 당신 주변을 맴돌고 있다.

근신하라 깨어라 너희 대적 마귀가 우는 사자 같이 두루 다니며 삼킬 자를 찾나니 너희는 믿음을 굳건하게 하여 그를 대적하라 ⋯ 모든 은혜의 하나님 곧 그리스도 안에서 너희를 부르사 자기의 영원한 영광에 들어가게 하신 이가 잠깐 고난을 당한 너희를 친히 온전하게 하시며 굳건하게 하시며 강하게 하시며 터를 견고하게 하시리라

벧전 5:8-10

| **화평을 구하라** | 사실 성경은 우리가 고난을 당할 것에 대해 여러 차례 말하고 있다. 이 땅에서 우리는 시련과 환난을 당할 것이다(요 16:33). 그러나 그리스도 안에서 넉넉히 이길 것이다(롬 8:37). 하나님을 믿고 의지할 때 우리가 얻는 보상은, 하나님을 믿고 의지하기 위해 감수해야 하는 위험부담보다 훨씬 더 크다. 사탄의 공격을 이겨내려면 언제나 진리를 굳게 붙잡아야 한다. 우리가 얼마동안 사탄을 물리치더라도 더 좋은 기회를 틈타 사탄은 반드시 돌아온다는 사실을 유념해야 한다.

마귀가 모든 시험을 다 한 후에 얼마 동안 떠나니라 눅 4:13

얼마 동안 떠나 있던 사탄이 곧 다시 돌아올 것이니 준비하라. 진리를 알라. 그래서 거짓말을 분별할 수 있도록 하라. 사탄과의 싸움에서 피곤해질 때 당신 자신의 힘이 아니라 그리스도의 힘을 의

지하라. 원수 마귀가 당신을 뒤쫓는 동안 하나님을 믿고 의지하는 법을 배워라. 그래서 원수 마귀가 공격해올 때 하나님의 평화 안에 굳게 서서 흔들리지 말라.

악에서 떠나 선을 행하고 화평을 구하며 그것을 따르라 벧전 3:11

CHAPTER_9

기다림은
완벽한 평화를 누리게 한다

우리가 갖는 모든 평화의 토대는 하나님을 믿는 믿음이다. 하나님 안에 있는 평화, 하나님과의 평화는 오직 그리스도 안에 있는 믿음으로만 발견할 수 있다.

너희는 마음에 근심하지 말라 하나님을 믿으니 또 나를 믿으라 요 14:1

만약 우리에게 평화가 없다면, 우리가 머리로 알고 있는 것들은 우리 마음에 진정한 평화를 가져다주지 못한다. 평화를 얻으려면 예수님을 따라가야 한다. 평화의 열쇠를 쥐고 있는 분이 바로 예수님이기 때문이다. 우리는 예수님의 생애와 죽음과 부활을 믿는 믿음을 통해 하나님과 평화를 누릴 수 있다. 그리고 하나님과의 평화를 통해, 어떤 환경이든 끝까지 견딜 수 있는 참된 평화를 발견할 수 있다.

> 평안을 너희에게 끼치노니 곧 나의 평안을 너희에게 주노라 내가 너희에게 주는 것은 세상이 주는 것과 같지 아니하니라 너희는 마음에 근심하지도 말고 두려워하지도 말라 요 14:27

| 흔들리지 않는 평화 | 우리에게 평화가 있으면 그 어떤 것도 두려워할 것이 없다. 하나님을 두려워할 때, 다른 그 무엇을 두려워할 이유가 없다. 오직 하나님만 두려워하면, 하나님께서 안전하게 지켜주실 것이기 때문이다(사 8:12-14). 참된 평화는 오직 그리스도로부터 온다. 우리는 하나님이 우주 만물을 주권적으로 통치하시는 분이며, 우리를 무조건적으로 사랑하는 분이며, 모든 것이 합력하여 선을 이루게끔 역사하시는 분이며, 환난을 당할 때에 기꺼이 도와주는 분이심을 믿음으로 믿을 때, 하나님을 굳게 믿고 의지하는 것을 배울 수 있으며 그럴 때에 하나님의 평화를 체험할 수 있다.

우리는 하나님께 우리의 모든 것들을 맡길 때 흔들리지 않는 평화, 그 무엇에도 움츠러들지 않고 요동하지 않는 평화를 발견할 수 있다. 우리는 하나님을 믿는 믿음을 통하여 참된 평화를 체험할 때 어떤 상황에서도 만족할 수 있고, 굳게 설 수 있고, 그 무엇도 걱정

하지 않게 된다. 우리는 하나님을 굳게 믿고 의지할 때, 우리 삶을 지배하는 하나님의 평화가 인생의 어떤 폭풍이라도 잔잔히 가라앉힐 수 있다는 것을 깨닫게 된다.

믿음과 평화에 대해 조지 맥도널드(George MacDonald, 1824-1905. 스코틀랜드의 저자, 시인, 기독교 사역자)는 다음과 같이 말했다.

하나님께 버림받은 것처럼 느껴져도 믿고 의지하는 것, 응답의 음성도 들리지 않고 아무도 듣지 않는 것 같을지라도 광대함을 향해 계속 외치는 것, 세상이라는 기계장치가 마치 스스로 움직이기라도 하는 양, 어떤 생명에도 주의를 기울이지 않고, 아무리 애원해도 눈썹 하나 까딱하지 않으면서 우리를 쉴 새 없이 빻고 있는 게 보이더라도 하나님께서 우리를 사랑하신다는 것을 믿는 것, 하나님께서 우리를 위해 그 손으로 직접 주시기로 작정하신 것들만을 사모하는 것, 배고픔으로 죽을 각오를 하고 기다리되 믿음이 떨어질까 두려워하면서 하나님을 인내로 기다리는 것, 이런 것들이 세상을 이기는 승리요, 진정한 믿음이다.

| **증거가 없는 것처럼 보여도** | 우리가 하나님의 평화를 소유하고 있을 때, 어떤 골짜기라도 끝까지 지나갈 수 있다. 하나님의 은혜를 통한 하나님의 평화는, 우리가 어떤 상황에 처하든지 그것만 갖고 있으면 충분히 견딜 수 있다는 것을 스스로 입증해 보인다. 그러므

로 모든 염려를 하나님의 손에 맡기는 것에 전념해야 하며, 오직 하나님만이 우리의 모든 염려를 최선으로 처리해주실 수 있음을 확신하는 것에 전념해야 한다. 우리는 하나님을 믿고 의지할 것을 계속 결단해야 한다. 그럴 만한 증거가 전혀 없는 것처럼 보일 때라도 하나님을 굳게 믿고 의지할 것을 계속해서 선택해야 한다.

믿음은 보이는 것으로 믿지 않는다. 대신 하나님께서 말씀하신 그대로 하나님을 믿는다. 확신을 갖고, 보증을 받은 소망을 갖고 앞을 향해 걷는다. 우리는 하나님의 마음을 이해할 수 없을 때라도, 하나님의 계획을 알 수 없을 때라도, 하나님의 손의 흔적을 느낄 수 없을 때라도 하나님의 마음을 믿고 의지해야 한다.

미국의 복음성가 가수이자 작곡가인 바비 메이슨(Babbie Mason)은 〈Trust His Heart〉라는 찬양에서 이렇게 하나님의 마음을 믿고 의지하는 것에 대해 노래한다.

때로 잘 보이지 않을지라도
마음을 둘로 쪼개는 삶의 몸부림이
때로 눈을 가려 진리를 보지 못하게 해도
모든 것들이 우리의 선을 이루네

아버지께서는 우리를 위한 가장 좋은 것을 잘 알고 계시네
아버지의 길은 우리의 길과 같지 않네

그러니 앞길이 희미해져 그분이 잘 보이지 않을 때
혼자가 아니라는 것을 기억하세요

하나님은 정말 지혜로워 실수가 없으시네
정말 선하시어 몰인정하지 않으시네
그러니 이해할 수 없을 때
하나님의 계획을 알 수 없을 때
하나님의 손의 흔적을 더듬을 수 없을 때
하나님의 마음을 믿고 의지하세요

하나님은 전체의 계획을 아시네
미래를 손에 쥐고 계시네
하나님 안에서 모든 소망을 발견할 수 있네
그러니 소망이 없는 사람들처럼 살지 마세요

우리는 현재를 보지만
하나님께서는 처음과 끝을 보시네
장차 당신과 내가 하나님과 같아지도록
양탄자처럼 짜고 계시네
오직 하나님만이 신실하시고 진실하시네
오직 하나님만이 당신을 위한 가장 좋은 것들을 알고 계시네

그러니 이해할 수 없을 때

하나님의 계획을 알 수 없을 때

하나님의 손의 흔적을 더듬을 수 없을 때

하나님의 마음을 믿고 의지하세요

| **영적 변화인가, 영적 거래인가?** | 솔직히 말해서, 우리는 하나님의 계획의 일부라도 결코 이해하지 못할지 모른다. 우리는 그저 날마다 우리를 위해 일하시는 하나님의 손자국, 모래 위에 찍힌 하나님의 신실한 발자국을 아주 가끔 볼 수 있을 뿐이다. 거의 대부분의 경우에 우리는 오직 하나님을 신뢰하는 것을 통해서만 하나님께서 어떤 식으로 역사하시는지 알 수 있다. 그리고 결국, 우리를 완벽하고 지속적인 평화 안에 계속 두실 수 있는 이는 오직 하나님뿐이라는 것을 깨닫는다.

주께서 심지가 견고한 자를 평강하고 평강하도록 지키시리니 이는 그가 주를 신뢰함이니이다 사 26:3

가장 어두운 시간을 지날 때, 태양이 다시는 떠오르지 않을 것처럼 보일 때 하나님께 부르짖기를 절대 중단해서는 안 된다.

당신이 정말 하나님을 믿는 사람이라면, 일자리를 잃거나 이혼을 하거나 암 선고를 받거나 당신의 배우자가 이런저런 중독에서 헤어

나오지 못할 때에도, 그 고통스럽고 불행한 사건들의 힘보다 하나님을 더 믿는다고 말할 것이다. 만일 당신이 당신 삶의 '가시로부터' 건짐을 받지 못한다면, 당신은 분명 '가시를 통하여' 건짐을 받을 것이다. 만일 하나님께서 당신의 삶의 환경을 바꿔주지 않으신다면, 당신이 그리스도를 더욱더 닮아가도록 만드실 것이고, 그것이야말로 이적 가운데 이적이 될 것이다.

우리는 하나님께서 우리의 삶에 다양한 상황들을 허락하시고 지휘하실 때, 그 상황들이 어떤 요인으로 발생하는지, 우리의 삶에 어떤 영향을 끼치는지, 우리가 어떤 결심을 해야 하는지와 관계없이 하나님께서 우리의 삶에서 일어날 수 있는 모든 시나리오 하나하나에 대해 확실히 아시고 또 그렇게 하신다는 것을 믿음으로 확신해야 한다.

하나님께서는 당신 안에서, 당신을 통하여, 당신 주변에서 일어나는 모든 일들에 숨겨진 의미들을 정확히 아신다. 하나님은 우주 만물을 주권적으로 통치하시는 하나님이시기 때문이다. 하나님께서는 하나님의 길을 갖고 계신다. 하나님의 방식대로 역사하신다. 하나님의 길이 우리의 길보다 좋아 보이지 않더라도 분명 하나님의 길은 우리의 길보다 더 좋다. 우리는 하나님께서 뚜렷한 목적과 의도를 가지고 역사하신다고 생각하지 않을 수 있지만, 하나님께서는 분명 뚜렷한 목적과 의도로 우리를 위해 역사하신다.

우리가 가진 심각한 문제는, 영원에 이르는 우리의 '영적 변화'를 위해 하나님께 기대를 거는 것이 아니라 우리가 원하는 것을 얻는 신속한 '영적 거래'를 기대하고 있다는 것이다.

| 예상했던 것과 전혀 다른 결말 | 우리는 하나님이 우리가 요구할 때마다 바로 응답해주는 '즉시응답시스템'이라고 생각한다. 우리 하나님이 필요할 때는 우리 바로 옆에 있어주기를 애타게 원하지만, 그렇지 않을 때는 우리의 길에서 좀 멀리 비켜나 있으면 좋겠다고 생각한다. 그래서 하나님께서는 우리가 어떤 종류의 믿음과 소망을 갖고 있는지 폭로하기 위해 인생의 혹독한 시련 가운데로, 사나운 폭풍 한가운데로, 어둠의 골짜기로 데려가신다.

하나님께서는 우리 안에서 역사하기를 원하신다. 왜냐하면 우리가 하나님께 순종할 때, 하나님께서 우리를 위해 예비하신 기쁨을 한껏 맛보게 되리라는 것을 잘 아시기 때문이다. 그리고 기억하라. 결국 끝에 가서는 모든 것들이 다 잘될 것이다. 당신의 모든 문제들이 다 잘 풀리지 않았다면, 그때는 아직 끝이 아닐 것이다.

> 생각하건대 현재의 고난은 장차 우리에게 나타날 영광과 비교할 수 없도다 롬 8:18

하나님과 동행하며 믿음의 길을 가면, 단지 도로에서 쿵 하고 장애물에 부딪히거나 타이어에 펑크가 났다는 이유로 여정을 중도에서 포기하는 일 따위는 일어나지 않는다. 당신 인생의 이야기는 아직 완결되지 않았다. 당신은 지금 당신 인생의 이야기를 여전히 써 내려가는 중이다. 그러나 하나님을 굳게 믿고 의지하면, 하나님께서 당신 인생의 이야기를 써 가시도록 순종하면, 그 이야기는 당신이 지금까지 예상했던 그 어떤 결말과도 다른 결말을 맺을 것이다.

믿음의 주요 또 온전하게 하시는 이인 예수를 바라보자 그는 그 앞에 있는 기쁨을 위하여 십자가를 참으사 부끄러움을 개의치 아니하시더니 하나님 보좌 우편에 앉으셨느니라 히 12:2

하나님께서는 우리의 궁금증과 의문에 대해 언제나 쉽게 답해주지는 않는다. 사실 어떤 때는 전혀 응답해주지 않으신다.

내가 그를 찾아도 못 만났고 불러도 응답이 없었노라 아 5:6

왜냐하면 우리가 때로 응답받지 못한 질문들을 가지고 믿음의 길을 걷기를, 때로 그저 기다리기를, 소망하기를, 기도하기를 원하시기 때문이다. 우리의 구원자께서 침묵하시더라도, 그분은 여전히 우리를 구원하는 분이시다. 만일 당신이 "나는 하나님이 모든 것들을 주권적으로 다스리신다는 사실을 굳게 믿어!"라고 말한다면, 그것은 곧 "내 상황이 호전될 수도 있지만 또한 악화될 수도 있음을 알고 있어!"라고 말하는 것과 같다. 우리는 아프고 힘든 상황이 얼마나 오래 지속될지 의아해하지만 대답을 얻지 못한다. 우리가 대체 무엇 때문에 모든 것들을 폐허로 만드는 인생의 사나운 폭풍 한가운데를 지나야 하는지 의아해하지만, 하나님께서는 아무 대답도 하지 않으신다. 우리는 하나님께서 우리와 함께하시는지 알기를 원한다. 그리고 마침내 대답을 얻는다.

볼지어다 내가 세상 끝 날까지 너희와 항상 함께 있으리라 마 28:20

| **이해할 수 없을 때 꼭 필요한 것** | 우리는 우리를 사랑하시고 은혜 베풀기를 갈망하시는 하나님을 찾을 때 몇 가지를 확신해야 한다. 장차 우리의 믿음이 하나님의 사랑으로 의심을 압도하리라는 것을 확신해야 한다. 하나님의 사랑으로 빛이 어둠을 뚫고 들어오리라는 것을 확신해야 한다. 하나님의 사랑이 다른 모든 것들을 이기리라는 것을, 믿음의 길을 방해하는 모든 것들을 이기리라는 것을 확신해야 한다. 그리고 장차 얼굴과 얼굴을 맞대고 구속자를 뵈리라는 것을 확신해야 한다(욥 19:25). 우리는 하나님의 길을 전부 이해할 수 없을지라도, 하나님의 길을 전적으로 믿고 의지할 수 있다.

미국 복음주의의 차세대 설교자인 매트 챈들러(Matt Chandler) 목사는 말했다.

신뢰는 우리가 이해를 갖고 있지 않을 때에 우리에게 꼭 필요한 것이다.

만일 당신이 머리로는 이해가 되는데 마음으로는 깨닫지 못하여 꼼짝없이 갇혀 있다면, 피트 윌슨 목사가 자신의 저서 《다시 일어서는 힘 플랜 B》(Plan B)에서 제안한 그대로 당신 자신에게 질문하라.

만일 네가 하나님이 너와 함께하신다는 것을 절대적으로 확신한다면, 지금 이 상황에서 어떻게 행동할 것 같아?

지금 고통의 시기를 지나고 있는가? 의심을 떨치기 위해 믿음으로 분투하고 있는가? 그렇다면, 하늘에 계신 아버지께서 당신을 무한히 사랑하신다는 것을 믿어라. 그리고 그 사랑을 받아라. 다른 모든 거짓말들을 믿지 말고 그것을 진리로 받아들여라. 그분은 당신의 바다보다 더 큰 바다를 잔잔하게 하신 하나님이시며, 당신 앞에 서 있는 산들보다 훨씬 더 높은 산들을 무너트리신 하나님이시다.

지금 인생의 어두운 골짜기를 지나고 있는가? 그렇다면, 하나님께서 당신의 믿음을 검사하시는 것이다. 하나님을 위해서가 아니라 당신을 위해 당신의 믿음을 검사하신다.

지금 인생의 어두운 골짜기를 지나고 있는가? 그렇다면, 당신이 지금 당신의 삶의 어떤 영역에서 하나님의 편에 서 있고, 또 어떤 영역에서 하나님의 편에 서 있지 않은지 알아야 한다. 그것이 매우 중요하다.

당신이 어둠의 골짜기를 통과하도록 해줄 '한 가지 표적만 더', '한 가지 이적만 더', '한마디 말씀만 더'라고 외칠지라도, 하나님께서 당신이 결코 생각할 수 없고 생각하려고 하지도 않았던 방법들로 하나님을 굳게 믿고 의지하는 법을 가르치신다는 것을 꼭 알아야 한다.

| 이적과 표징 | 우리의 믿음에는 단계가 있다. 하나님과 동행하는 시작 단계에 있을 때는 영적인 성장 같은 것에 관심을 갖지 못한다. 우리는 그저 표징과 이적을 구한다. 양털 한 뭉치로 하나님을 시험한 기드온처럼 우리도 하나님을 시험한다(삿 6:36-40). 때로 하나님께서는 우리의 믿음을 성장시키기 위해 그런 식으로 우리가 원하는 것들을 주기도 하신다.

그러나 우리가 원하는 이적과 표징을 주지 않으실 때는, 이제 믿음으로 움직일 준비가 되었다고 말씀하신 것이다. 유아기 단계의 믿음에서 좀 더 성숙한 단계로 끌어올리시는 것이다. 만일 하나님께서 우리의 믿음을 현재 상태 그대로 내버려두신다면, 우리의 믿음은 결코 온전해지지 못할 것이다. 그러나 하나님께서는 우리의 믿음을 온전하게 해주시겠다고 약속하셨다(히 12:2).

우리는 언제나 하나님으로부터 오는 '느낌'을 고대한다. 하나님의 말씀이라는 증거 이외의 또 다른 증거를 원한다. 그러나 하나님을 믿고 의지할 만한 증거가 전혀 없어도 하나님을 굳게 믿고 의지하는 것이, 믿음으로 더 강건하게 걷는 것이며 하나님께 더 가까이 다가가 걷는 것이라는 사실을 깨달아야 한다. 간절히 구해도 산이 옮겨지지 않을 때, 거인(巨人) 같은 문제들이 여전히 우리 앞에 버티고 서서 우리를 쓰러뜨리겠다고 위협할 때, 요단강이 홍수 수위까지 올라가 도저히 약속의 땅으로 들어갈 방도가 없을 때, 심지어 인간의 모든 생각들이 다른 길로 가라고 다그칠 때조차도 우리는 하나님을 믿는 믿음과 하나님을 향한 신뢰로 다음 발걸음을 뗄 수 있다.

이에 대해 사도 바울은 우리 눈에 보이든 보이지 않든 상관없이 하나님을 굳게 믿고 의지하는 법을 보여준다. 그는 보이는 것으로 걷지 말고 믿음으로 걸으라고 촉구한다.

여러 날 동안 해도 별도 보이지 아니하고 큰 풍랑이 그대로 있으매 구원의 여망마저 없어졌더라 행 27:20

사도 바울은 그런 두렵고 불확실한 위기상황의 한가운데서 일어나 다른 사람들을 격려했다.

여러분이여 안심하라 나는 내게 말씀하신 그대로 되리라고 하나님을 믿노라 행 27:25

사도 바울은 자신이 처한 환경을 주목하지 않았다. 그는 하나님을 바라보았고 하나님께 매달렸다. 그는 하나님을 굳게 믿고 의지했다. 그렇다면 우리도 당연히 그래야 한다. 다른 길은 없다. 산을 움직일 수 있는 다른 길, 바다를 둘로 가를 수 있는 다른 길, 거인들을 쓰러트릴 수 있는 다른 길, 사나운 풍랑을 잔잔히 가라앉힐 수 있는 다른 길은 없다. 다른 모든 길은 결국 실패로 입증될 것이다. 하나님의 길이냐, 우리의 길이냐? 선택은 우리의 몫이다. 하나님께서 우리의 믿음이 무한히 성장할 수 있는 기회를 주시는 것은 바로 모든 희망이 사라진 것처럼 보일 때이다. 그 기회를 잡아라. 그러면 결코 후회하지 않을 것이다.

인생의 모진 역경 속에서도 하나님의 신실하심을 신뢰하면서 살아간 레티 카우만(Lettie Burd Cowman, 1870-1960. 동양선교회 창립자 찰스 카우만의 부인) 여사는 그녀의 저서 《사막에 샘이 넘쳐흐르리라》(Streams in the Desert)에서 하나님을 굳게 믿고 의지하는 것에 대해 다음과 같이 노래했다.

하나님을 신뢰해야 할 때가 언제일까요?
모든 것들이 평온할 때?
승자가 손을 흔들 때?
인생이 환희와 찬양의 기쁜 시편이 될 때일까요?
아닙니다.

하나님을 믿고 의지해야 할 때는

인생의 파도가 거품을 일으키며 높이 솟을 때

먹구름이 하늘을 가득 뒤덮을 때

도우소서! 구원하소서!

기도가 기나긴 외침이 될 때입니다.

하나님을 신뢰해야 할 때가 언제일까요?

친구들이 진실할 때?

안락함이 구애할 때?

말하고 행하는 모든 것들 안에서 찬양을 체험할 때?

아닙니다.

하나님을 믿고 의지해야 할 때는

혼자가 되었을 때,

여름의 새들이 다 날아가버렸을 때

의지가 되는 것들이 다 사라졌을 때

모두 사라지고 오직 하나님만 남았을 때입니다.

하나님을 신뢰해야 할 때가 언제일까요?

장래의 어느 날?

당신의 계획을 모두 다 시도해보고 나서

쓰린 마음으로 기도와 신뢰를 배웠을 때?

아닙니다.

하나님을 믿고 의지해야 할 때는

부족한 지금

가엾은 갈대, 상하고 멍든 갈대가 되었을 때입니다.

가난하고 곤고한 영혼은 서둘러 하나님을 신뢰합니다.

하나님을 신뢰해야 할 때가 언제일까요?

희망이 높이 솟아오를 때?

햇빛이 하늘을 수놓고

황홀함과 기쁨이 마음을 가득 채울 때?

아닙니다.

하나님을 믿고 의지해야 할 때는

기쁨이 달아났을 때

슬픔이 인사할 때

모든 것들이 차갑게 식어 죽었을 때

모두 죽고 오직 하나님만 남았을 때입니다

　하나님은 우리의 편이시다. 모든 것들이 당신을 대적하는 것처럼 보일 때도 하나님은 당신 편이시다(롬 8:31). 이를 확신하라. 기도를 멈추지 말라. 부르짖음을 중단하지 말라. 하나님께서 듣지 않으시는 것처럼 느껴지더라도 절대 멈추지 말라. 하나님께서는 듣고 계신다. 어떤 희망도 찾을 수 없는 것처럼 보일 때, 하나님께서 말씀으로 주신 약속들을 기억하여 힘을 내라. 하나님께서는 지키지 않을 약속은 단 하나도 하지 않으신다.

내 눈을 돌이켜 허탄한 것을 보지 말게 하시고 주의 길에서 나를 살아나게 하소서 시 119:37

이 말씀은 나의 고난 중의 위로라 주의 말씀이 나를 살리셨기 때문이니이다 시 119:50

하나님의 길을 굳게 믿고 의지하면 당신의 길을 온전하게 해주실 것이다. 이 세상에 다른 어떤 소망도 없을 때, 당신의 세상이 산산이 붕괴되어 정신을 차릴 수 없을 때, 하나님을 굳게 믿고 의지하라. 무슨 일이 일어나든지 하나님을 굳게 믿고 의지하라.

그러나 무릇 여호와를 의지하며 여호와를 의뢰하는 그 사람은 복을 받을 것이라 렘 17:7

"기다려"

초판 1쇄 발행　　2013년 5월 27일
초판 9쇄 발행　　2019년 3월 15일

지은이　　　조상연
옮긴이　　　전의우

펴낸이　　　여진구
편집　　　　김아진, 안수경, 이영주, 최현수, 김윤향, 권현아
책임디자인　마영애 | 노지현, 조아라
기획·홍보　　김영하　　　　　　　　　　해외저작권　가은혜
마케팅　　　김상순, 강성민, 허병용　　 마케팅지원　최영배, 정나영
제작　　　　조영석, 정도봉　　　　　　 경영지원　　김혜경, 김경희

이슬비전도학교　　최경식　　　　　　　　　　　　303비전성경암송학교　박정숙
303비전장학회 & 303비전꿈나무장학회　여운학

펴낸곳　　　규장

주소 06770 서울시 서초구 매헌로 16길 20(양재2동) 규장선교센터
전화 02)578-0003　　팩스 02)578-7332
이메일 kyujang0691@gmail.com　　　홈페이지 www.kyujang.com
페이스북 facebook.com/kyujangbook　　인스타그램 instagram.com/kyujang_com
카카오스토리 story.kakao.com/kyujangbook
등록일 1978.8.14. 제1-22

책값　뒤표지에 있습니다.
ISBN 978-89-6097-305-3　03230

규 | 장 | 수 | 칙

1. 기도로 기획하고 기도로 제작한다.
2. 오직 그리스도의 성품을 사모하는 독자가 원하고 필요로 하는 책만을 출판한다.
3. 한 활자 한 문장에 온 정성을 쏟는다.
4. 성실과 정화를 생명으로 삼고 일한다.
5. 긍정적이며 적극적인 신앙과 신행일치에의 안내자의 사명을 다한다.
6. 충고와 조언을 항상 감사로 경청한다.
7. 지상목표는 문서선교에 있다.

하나님을 사랑하는 자 곧 그의 뜻대로 부르심을 입은 자들에게는 모든 것이 合力하여 善을 이루느니라(롬 8:28)

규장은 문서를 통해 복음전파와 신앙교육에 주력하는 국제적 출판사들의
협의체인 복음주의출판협회(E.C.P.A:Evangelical Christian Publishers
Association)의 출판정신에 동참하는 회원(Associate Member)입니다.